中国慈善联合会
CHINA CHARITY ALLIANCE

U0958734

ZHONGGUO CISHAN XINTUO
FAZHAN BAOGAO 2021

中国慈善信托发展报告 2021

中国慈善联合会慈善信托委员会 编

中国社会出版社
国家一级出版社 · 全国百佳图书出版单位

图书在版编目（CIP）数据

中国慈善信托发展报告．2021 / 中国慈善联合会慈善信托委员会编．—北京：中国社会出版社，2022.6
ISBN 978-7-5087-6773-4

Ⅰ．①中…　Ⅱ．①中…　Ⅲ．①慈善事业—信托—研究报告—中国—2021　Ⅳ．①D632.1

中国版本图书馆 CIP 数据核字（2022）第 081733 号

出 版 人：浦善新　　终 审 人：陆　强
责任编辑：陈　琛　　责任校对：张　迟
封面设计：天之赋

出版发行：中国社会出版社　　地　　址：北京市西城区二龙路甲 33 号
邮政编码：100032　　编 辑 部：(010)58124835
网　　址：shcbs.mca.gov.cn　　发 行 部：(010)58124864；58124848
经　　销：新华书店

印刷装订：中国电影出版社印刷厂
开　　本：170 mm×240 mm　1/16
印　　张：9　　字　　数：100 千字
版　　次：2022 年 6 月第 1 版　　印　　次：2022 年 6 月第 1 次印刷
定　　价：40.00 元

中国社会出版社微信公众号　　中国社会出版社天猫旗舰店

序　言

近年来，我国现金捐赠连续突破千亿元，中国慈善事业取得了飞速发展，不断迈上新台阶。2021 年 8 月 17 日中央财经委员会第十次会议召开，会议指出：“要坚持以人民为中心的发展思想，在高质量发展中促进共同富裕，正确处理效率和公平的关系，构建初次分配、再分配、三次分配协调配套的基础性制度安排。”《中共中央关于制定国民经济和社会发展第十四个五年规划和二〇三五年远景目标的建议》提出要“发挥第三次分配作用，发展慈善事业，改善收入和财富分配格局”，明确了以第三次分配为收入分配制度体系的重要组成部分，确立了慈善事业在社会经济发展和共同富裕中的重要地位。2016 年，我国出台的慈善法专章规定了慈善信托，慈善信托在我国得到了一定发展，成为我国慈善事业的一个重要组成部分。

根据中国慈善联合会慈善信托委员会统计，截至 2021 年 12 月 31 日，我国慈善信托备案单数累计突破 700 单大关，达 773 单，备案财产规模为 39.68 亿元。其中，2016 年 22 单，规模 2.67 亿元；

2017年45单，规模5.89亿元；2018年87单，规模11.63亿元；2019年126单，规模9.19亿元；2020年266单，规模4.36亿元；2021年227单，规模5.95亿元。如果按存续规模计算，我国慈善信托的存续财产规模已经突破100亿元大关。据鲁冠球三农扶志基金官网2021年2月22日消息，经资产评估，以2020年6月末为基准日，鲁冠球三农扶志基金慈善信托全部资产达141.79亿元（备案规模为6亿元）。

过去几年我国慈善信托的发展，紧紧围绕服务于党和国家的中心工作。首先，慈善信托积极助力脱贫攻坚。773单慈善信托中，以扶贫、乡村振兴为主要目的的共431单，占比为55.76%。实践中，慈善信托创新出企业带动、收益分红、杠杆撬动、保险保障、教育扶智等扶贫模式。此外，随着2022年北京冬奥会的成功举办，关注体育领域的慈善信托备案达到119单，同比增长112%。其次，全球范围内对气候等环境议题的关注和取得新的共识，也促进了环保领域慈善信托的发展，备案达193单，同比增长111.90%。

从地域来看，2021年共有19个省、自治区、直辖市的民政部门备案过慈善信托；从慈善信托的财产规模来看，北京市备案的慈善信托财产规模达2.2亿元，名列第一；其次是浙江省、广东省，慈善信托的财产规模分别为1.06亿元和0.70亿元。

2016—2021年，我国共有62家信托公司设立了慈善信托，占全国68家信托公司总数的91.18%；有66家基金会成为慈善信托的受托人或共同受托人，其中2021年有46家慈善组织第一次参与设立慈善信托。

2021年慈善信托整体呈现平稳发展、参与力量逐渐增加的趋势。但同时，我国慈善信托发展还存在配套制度不健全、备案财产规模过低、后续发展乏力等问题。主要是社会公众对慈善信托的认识存在偏差，有人错误地把慈善信托等同于慈善捐赠，或者将慈善信托视为慈善捐赠的竞争对手、视为保值增值的一种手段，甚至是一个金融产品等。同时，慈善信托还缺乏相应的配套制度和优惠政策，例如在信托财产登记、信托财产过户、税收优惠等方面。

慈善信托作为与慈善捐赠并行的两大慈善途径之一，具有安全性、灵活性、长期性、创新性等制度优势，未来有较大的发展空间。推动慈善信托在我国的创新和发展，对促进第三次分配、实现共同富裕具有重要意义。中国慈善联合会慈善信托委员会自2016年11月成立以来，致力于促进慈善信托应用与普及、慈善信托行业自律建设，引导行业助力国家建设和社会发展，为慈善信托健康有序发展积极建言献策。今后，中国慈善联合会慈善信托委员会将继续积极引导行业参与乡村振兴、健康中国、碳中和等国家重大战略，积极推动慈善信托有关政策法规落地，为慈善信托发展赋能，为慈善事业助力共同富裕添砖加瓦。

是为序。

中国慈善联合会慈善信托委员会主任

蔡概还

2022年2月22日

目　录

第一部分　权威发布

第二部分　专家解读

第三部分 案例分享

中国慈善信托
发展报告
2021

— 第一部分 —

权威发布

2021 年中国慈善信托发展报告

一、慈善信托五年发展历程概述

自慈善法颁布以来，至今已有 5 年多时间。其间慈善信托从无到有、从小到大，数量、规模和业务品种均取得了长足的发展。

回顾过去的 5 年，慈善信托通过公益与金融双轮驱动、创新研究和探索实践协同发力，持续推动制度不断完善，管理逐步规范，渠道日渐多元，功能更趋丰富，助力推动高质量发展，不断满足人民日益增长的美好生活需要，在精准扶贫、乡村振兴、社区公共服务等领域深度参与第三次分配和实现共同富裕，彰显出重要的社会价值。

2016 年是慈善信托元年。慈善法于 2016 年 9 月颁布，与信托法共同构成了慈善信托业务开展的法律依据，它是信托发展史上具有里程碑意义的大事，为信托公司开展慈善信托、参与公益业务奠定了坚实的法律基础。

慈善法的颁布在社会上引起高度关注，得到信托行业积极响应。2016 年，在短短几个月内，就成功落地了 22 单慈善信托，规模 2.65 亿元①，共有 19 家信托机构担任受托人，信托目的涵盖扶贫济困、教科文卫、生态环保、恤病助残等多个公益领域。其中还备案了全国首单双受托人慈善信托，这一模式也成为后来慈善信托的主打模式之一。

2017 年，《慈善信托管理办法》出台，全国慈善信息公开平台——“慈善中国”正式上线，全国首个地方性“慈善信托管理办法”《江苏省慈善信托备案管理实施办法》出炉，慈善信托的基础设施建设进一步完善。来自全国 17 个省（自治区、直辖市）的 32 家信托公司和慈善组织共备案 45 单慈善信托，备案规模达 5.88 亿元②。慈善信托在数量、规模上有一定发展，也初步积累了实践经验。全国首单股权慈善信托和全国首单艺术品慈善信托落地，慈善信托的财产类型进一步丰富。

2018 年，经过前两年的试水探索和尝试，慈善信托迎来一波加速发展，出现了数量和金额双双接近翻番的情况，慈善信托单笔规模更是上了一层楼。全年新设慈善信托 87 单，同比增长 93%；新设慈善信托规模达 11.58 亿元③，同比增长 97%。当年的

---

① 其中部分项目在存续期追加了资产。如果本处规模指标为动态统计口径的话（即财产跟着项目走，项目被统计在哪个年度，这部分财产因记在项目名下，在统计时也计入以保证归属清晰），则这一指标截至 2021 年末的数字为 2.67 亿元，下同。

② 截至 2021 年末的数字为 5.89 亿元。

③ 截至 2021 年末的数字为 11.63 亿元。

亮点是成立了两单亿元级规模的慈善信托，一单是“鲁冠球三农扶志基金”慈善信托，信托财产为原始价值约6亿元的万向三农集团有限公司股权，这是迄今为止国内备案规模最大的慈善信托，该信托在财产规模、财产类型以及信托机制设计等方面均有所创新，为股权慈善信托的设立及管理提供了宝贵的借鉴。

2018年，慈善信托积极响应党的十九大提出的打赢三大攻坚战的号召，通过教育扶贫、产业扶贫、就业扶贫等多种方式参与开展精准扶贫和帮扶，为后续开展社会责任领域信托服务和创新产业公益性服务信托进行了有益的尝试，提供了可资借鉴的经验。

2019年，慈善信托新增设立数量进一步增加，达到126单；慈善信托新增规模为9.18亿元①，慈善信托累计规模持续增加，达29.29亿元。慈善信托作为一种现代化、专业化、与金融相结合的慈善方式，逐步成为慈善组织、金融机构及社会公众参与慈善事业的重要渠道。慈善信托在聚焦扶贫的同时，开始给予科教、文化等领域更多的关注。受托机构在发展慈善信托方面不断探索新的模式，“慈善信托+慈善组织”双平台运作模式成为趋势。

2020年，慈善信托设立新增数量出现了“井喷”，达到266单，同比增长111.11%，累计数量一跃达546单。这与2020年我国发生新冠肺炎疫情后各信托机构积极履行社会责任、设立大量

① 截至2021年末的数字为9.19亿元。

抗疫类慈善信托参与疫情防控有关。经查，在2020年新增的266单慈善信托中，与疫情防控有关的就有98单，占比36.84%；规模1.67亿元，占比40%。慈善信托数量与规模新增数延续2019年的走势，但单笔规模均值从729.44万元下降至163.99万元。慈善信托税收优惠临时政策出台，中华人民共和国财政部、国家税务总局联合发布《关于支持新型冠状病毒感染的肺炎疫情防控有关税收政策的公告》；中华人民共和国民政部公布《慈善信托信息公开管理办法（征求意见稿）》促进信息公开。吉林、湖北、山东等地加快出台慈善信托条例，促进业务发展。中国信托业协会发起并设立“中国信托业抗击新型肺炎慈善信托”，61家信托公司迅速响应并加入，最终募集3090万元，成为当年最大规模的慈善信托；光大信托作为受托人备案了50单疫情防控类慈善信托。光大信托·定点扶贫系列、五矿信托三江源系列及顺德社区（广东省和的慈善基金会）的3项慈善信托获得第十一届“中华慈善奖”。

经过5年时间发展，慈善信托资金来源渠道日益丰富，财产类型趋于多元，信托目的更加精准，制度措施不断完善，管理运作逐步规范，业务模式持续创新，发挥功能更趋丰富，已经被越来越多的企业和企业家、社会组织、金融机构及社会公众了解和认可，成为公益慈善事业发展的重要力量。

二、2021年慈善信托发展现状

据“慈善中国”网站数据统计，截至2021年12月31日，全国共备案完成慈善信托773单，备案财产规模39.68亿元，慈善信托数量逐年递增，社会各界积极探索和实践慈善信托。慈善信托已经被越来越多的企业和企业家、社会组织、金融机构及社会公众了解和认可，成为其支持公益慈善事业的重要工具。

然而，相较于我国每年2000亿元左右的慈善捐赠总量而言，慈善信托的发展差距依旧较大，慈善信托财产规模未来仍然有着较大的发展空间。

(一) 慈善信托发展波动性增大

1. 新设慈善信托数量下降，规模止跌回升

截至2021年末，慈善信托财产累计总规模仍然逐年稳步增加。据“慈善中国”网站数据显示，截至2021年12月31日，全国累计慈善信托备案突破700单大关，达773单，财产规模达39.68亿元。我国慈善信托的公众化程度日益提升，在三次分配、共同富裕相关政策支持下，越来越多的社会公众参与慈善事业，对慈善的热情、积极性和诉求日益提高。

2021年我国新增慈善信托数量227单，较2020年下降了14.66%；新设慈善信托的规模5.95亿元，较2020年扩

大 36.47%。

首先，这可能跟 2020 年我国发生了新冠肺炎疫情有一定相关性。2020 年新设的 266 单慈善信托中与疫情防控有关的共有 98 单，规模 1.67 亿元。在 2016—2021 年全部 773 单慈善信托中，2020 年一年的新增备案数占全部的 34.41%，足见该年的“井喷”至今年仍余波不小（见图 1、图 2）。

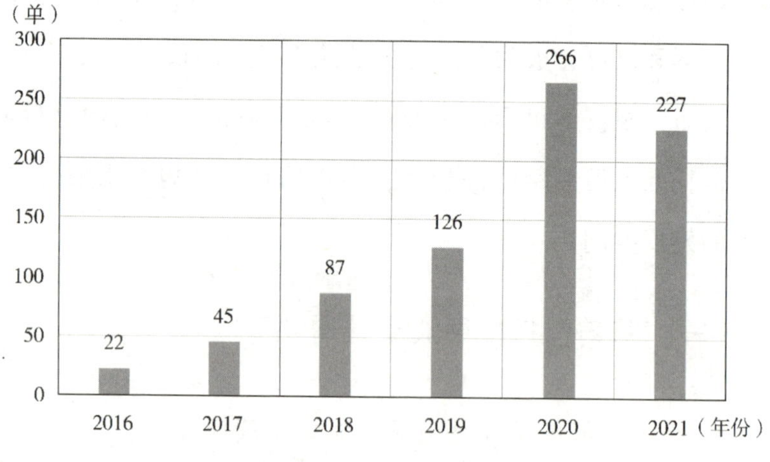

图 1　2016—2021 年新设慈善信托数量

其次，2021 年慈善信托发展存在波动跟国际国内大环境也有很大关系，2021 年，我国各行各业仍然面临着复杂的严峻挑战。在这种大背景下，慈善信托的发展不可避免会受到一定程度的负面影响。

2021 年新增一笔亿元级的慈善信托。慈善信托与家族基金会等其他超大额公益性事务受托服务平台相比，存在发展障碍，包括股权非交易性过户和委托人、受托人所得税减免等，这些都是

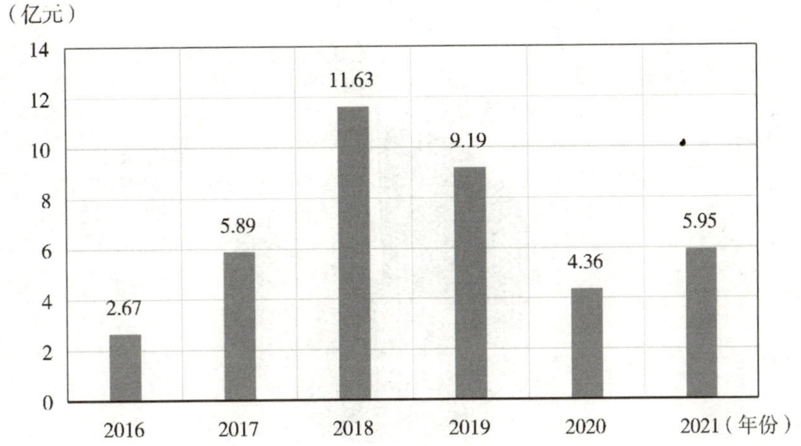

图 2　2016—2021 年新设慈善信托规模

制约慈善信托进一步发展的一些长期存在的问题。这既与现行的公益相关法律制度在慈善信托方面配套有待加强和完善有关，也与慈善信托与其他公益性事务受托服务平台角色分工、功能定位和期望发挥的作用有待进一步厘清有关。

2. 单笔慈善信托规模较小，止跌回升走势有效性待确认

2021 年，单笔慈善信托的规模较小，十万元级占到绝大多数，且占比超过 2016—2021 年的比重。备案的 227 单慈善信托中，十万元以下级慈善信托 43 单，占比 18. 94%，财产规模均值为 2. 83 万元；十万元级的有 115 单，占比 50. 66%，财产规模均值为 30. 06 万元；百万元级慈善信托 55 单，占比 24. 23%，财产规模均值为 233. 96 万元；千万元级慈善信托 13 单，占比 5. 73%，财产规模均值为 1769. 75 万元；亿元级慈善信托 1 单，占比

0.44%，财产规模为 20001 万元（见图 3）。[①]

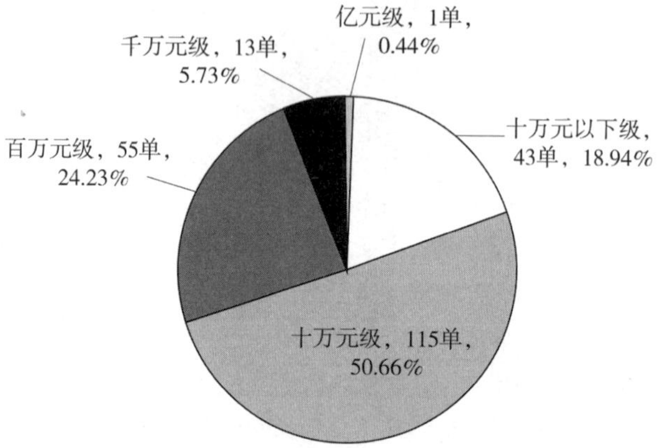

图 3　2021 年新设慈善信托按规模的分布

2016—2021 年备案的慈善信托中，十万元以下级的慈善信托有 112 单，占全部慈善信托的 15%，财产规模均值为 3.62 万元；十万元级的有 382 单，占比为 49%，财产规模均值为 30.41 万元；百万元级的有 219 单，占比为 28%，财产规模均值为 246.25 万元；千万元级的有 54 单，占比为 7%，财产规模均值为 2130.49 万元；亿元级的有 6 单，占比为 1%，财产规模均值为 35966.83 万元。十万元级和百万元级规模在我国慈善信托中仍是主流（见图 4）。

---

① 信托财产规模级别区间：0 元<十万元以下级<100000 元；100000 元≤十万元级<1000000 元；1000000 元≤百万元级<10000000 元；10000000 元≤千万元级<100000000 元；亿元级≥100000000 元。

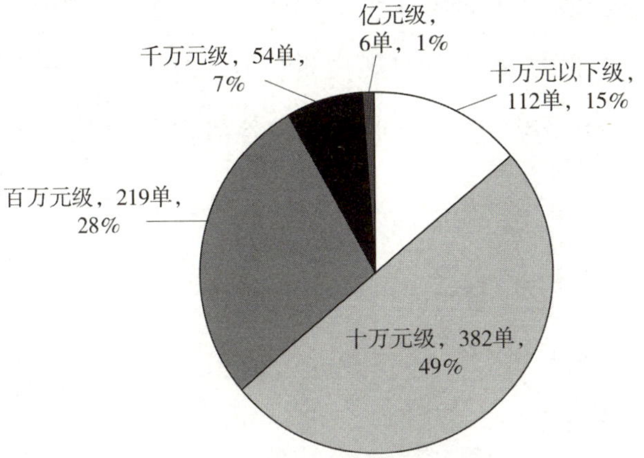

图 4　2016—2021 年新增慈善信托按规模的分布

2021 年，各规模量级的慈善信托数量和规模除了亿元级慈善信托，均较 2020 年有所回落。

与 2021 年不同，2020 年百万元级、千万元级的慈善信托在当年规模结构中的占比相对偏高。

慈善信托单笔财产规模首度出现止跌回升。2021 年，新增慈善信托的单笔财产规模平均为 261.91 万元，相比 2020 年的 163.99 万元增长了 59.71%，虽然这一走势的有效性有待后续年度确认，但也表明，经过初期的探索尝试之后，慈善信托的设立动机逐步趋向于更加契合慈善法立法初衷的方向，业务发展也日益向公益金融的实际供需走向回归。

十万元以下级平均规模峰值在 2018 年；十万元级平均规模峰值在 2017 年；百万元级平均规模峰值在 2018 年；千万元级和亿元级平均规模峰值在 2019 年。

十万元以下级平均规模谷值在 2016 年；十万元级平均规模谷值在 2020 年；百万元级平均规模谷值在 2016 年；千万元级平均规模谷值在 2017 年；亿元级平均规模谷值在 2020 年（见图 5）。

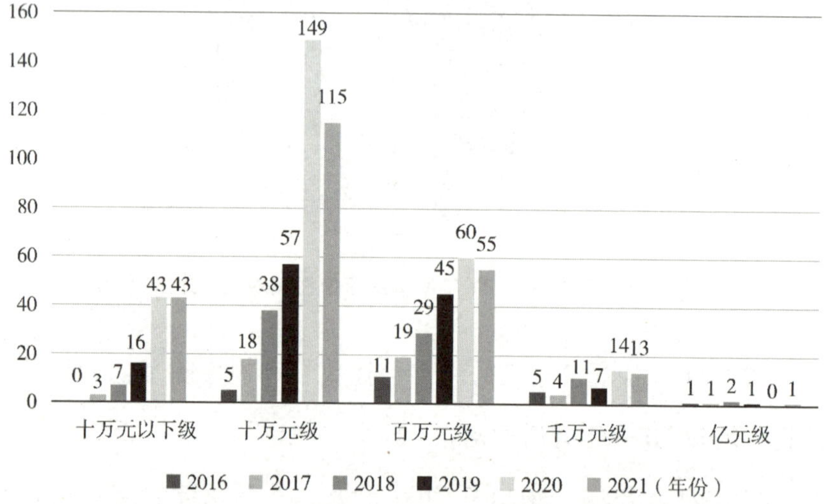

图 5　2016—2021 年各规模量级的慈善信托数量（单）

总体而言，我国慈善信托趋于小规模化的同时，在其他不同规模量级上的资金分布相对均匀。亿元级十分稀有，显示慈善信托近年来在超大额公益资金受托服务上还未能俘获财富顶级人士这一极高净值头部客户群的“芳心”。这一方面可能与其在客户的熟悉程度、把控信心和信任程度有直接关系；另一方面与新老法律规章的冲突以及制约发展的一些体制机制性障碍有深层次关系，比如股权等非现金资产设立慈善信托面临的高额所得税等；设立慈善信托无法开具捐赠发票，企业在设立慈善信托时在会计处理上面临困难等。但是慈善信托在其他不同规模量级上的表现

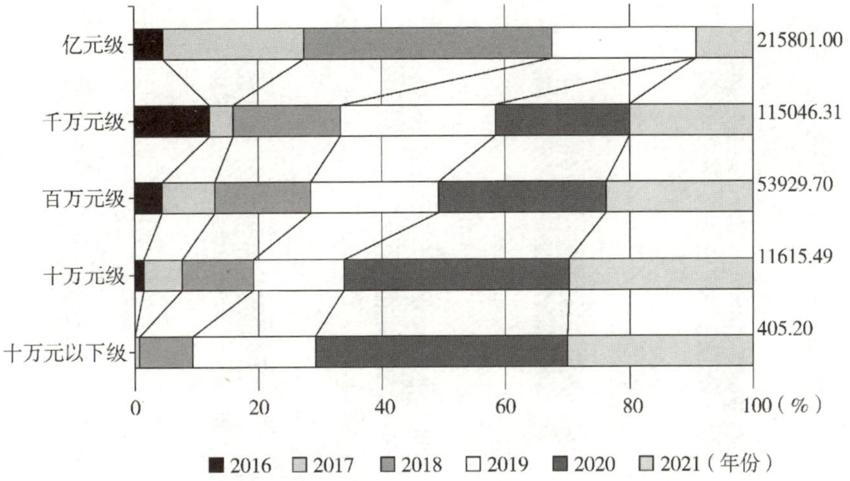

图 6 2016—2021 年各规模量级的慈善信托规模分布（万元）

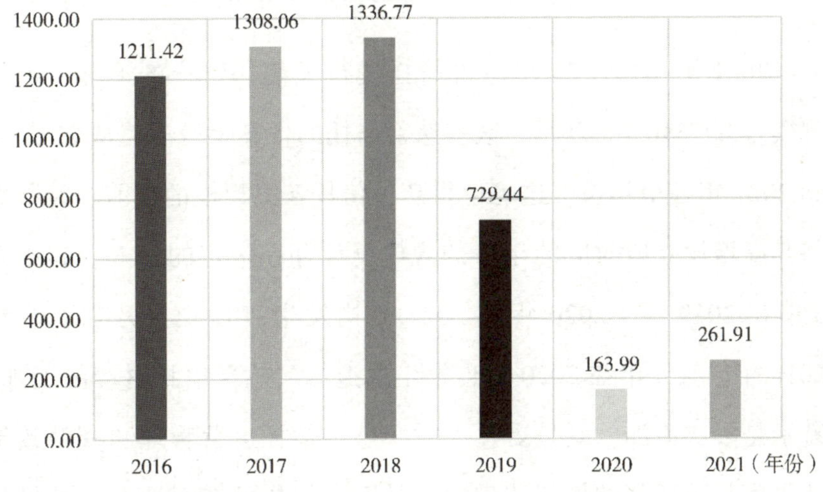

图 7 2016—2021 年慈善信托单笔财产规模均值（万元）

则反映了其规模结构日趋合理，业务促成也越来越步入市场化的正轨。

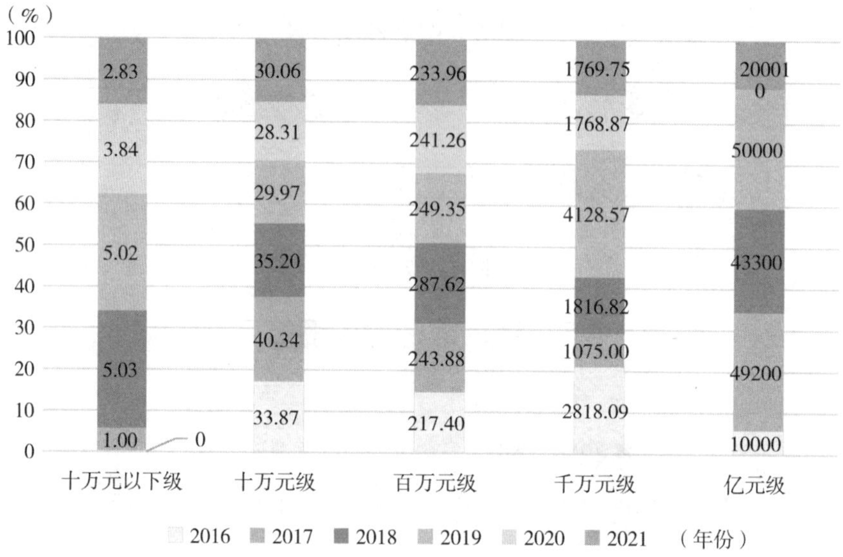

图 8　2016—2021 年各规模量级的慈善信托平均规模分布（万元）

2021 年，共有 21 单慈善信托进行了信托财产的追加，追加规模合计 7546. 35 万元。这些慈善信托的备案年份涵盖从 2017 年到 2021 年各个年份，这也使得慈善信托备案规模的当前统计数据与其新增设立所对应的年份的规模统计存在一定的出入。其中有 3 单在 2019 年、2020 年和 2021 年均发生过追加，另有 1 单在 2018 年、有 5 单在 2020 年也发生过追加。慈善信托财产的追加，特别是多次追加，既是委托人对于慈善信托运营管理和资助效果认可度与满意度的最佳体现，也是慈善信托可持续性发展的最佳体现。

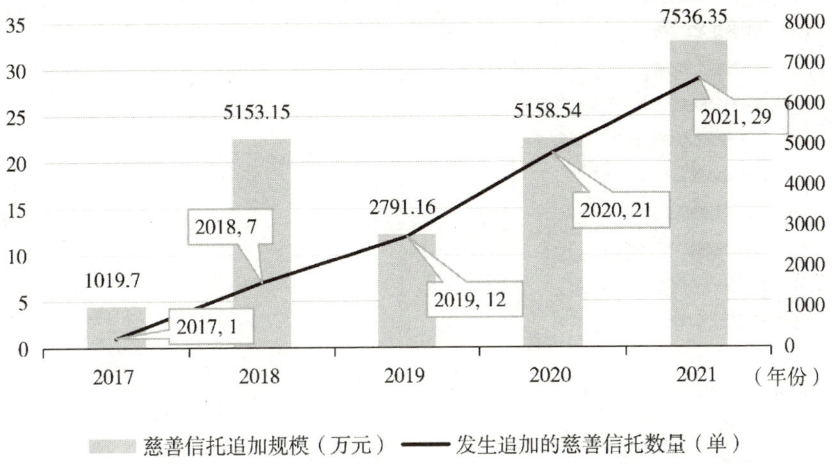

图 9　2017—2021 年追加信托财产的慈善信托数量和追加规模

（二）慈善信托区域发展不均衡

2021 年全国共有 19 个省、自治区、直辖市备案慈善信托。其中，浙江省备案数量增加 78 单，甘肃省增加 22 单，显著超过其他地区。浙江省 2016 年以来备案总数量以 168 单领跑全国。甘肃以 133 单的备案数量位居第二，广东、陕西的备案数量以 58 单、56 单分列第三、第四。总体来看，全国绝大部分地区已经开展慈善信托，但地区之间发展仍不均衡。

从备案规模上来看，2016—2021 年累计备案规模最大的是浙江，备案规模达 10. 84 亿元，甘肃和广东分别以 7. 87 亿元和 7. 82 亿元位居第二和第三。

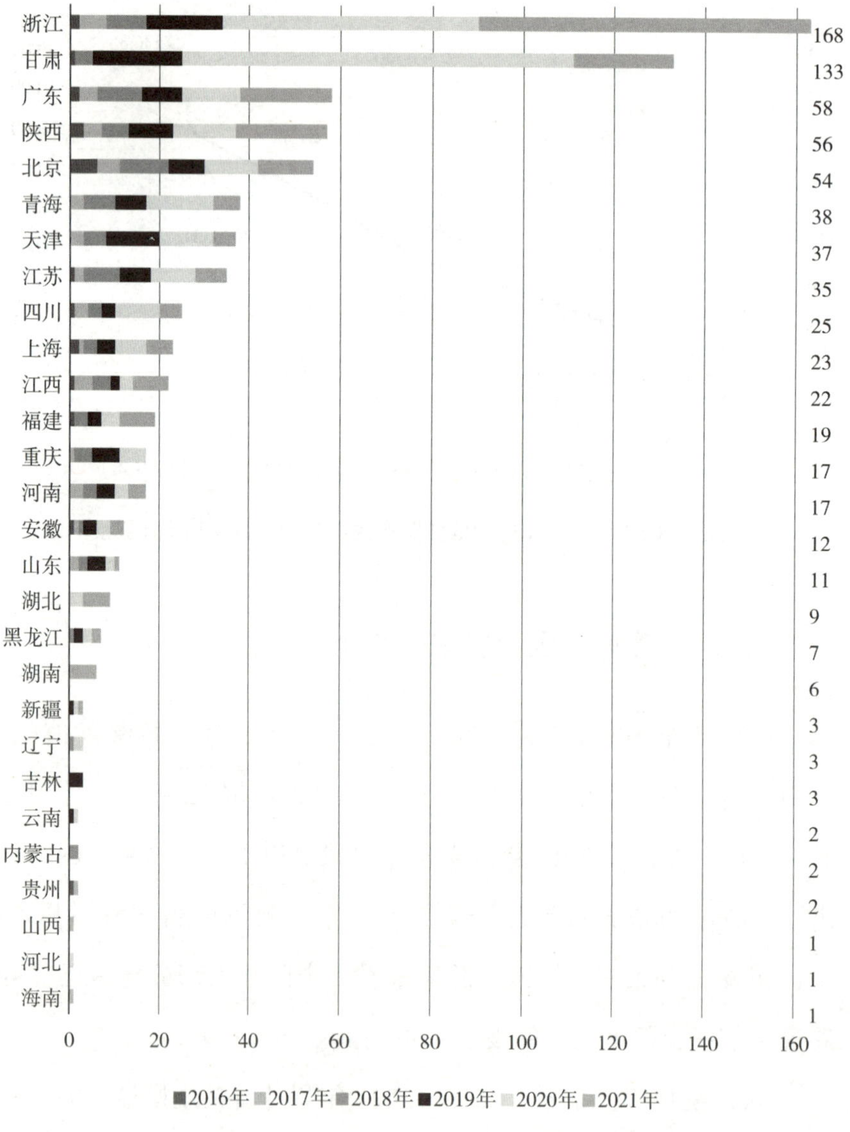

图 10 各省、自治区、直辖市 2016—2021 年各年新增和累计慈善信托数量（单）

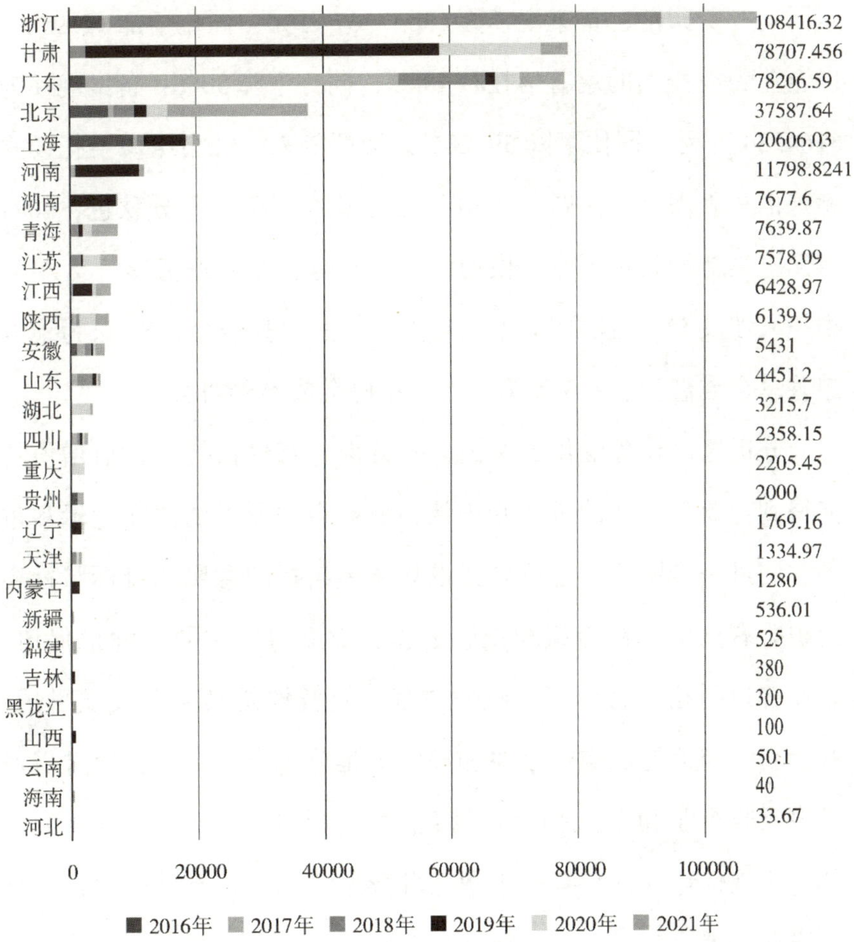

图 11　各省、自治区、直辖市 2016—2021 年各年新增和累计慈善信托备案规模（万元）

（三）社会组织委托人比重进一步上升

1. 社会组织委托设立数量居首

2021 年，以社会组织为委托人的慈善信托有 88 单，比 2020

年同期有所回落；备案规模为13637.67万元，同比增加12.99%。以企业为委托人的慈善信托有49单，同比下降50%；备案规模为6164.34万元，同比下降59.28%。近两年来，社会组织委托设立慈善信托表现日益活跃，2020年已经基本与企业平分秋色，2021年无论是新增数量还是规模均已明显超越企业委托情形。88单的委托人涉及68家社会组织。其中，30家为基金会；35家为地方慈善总会或慈善会；3家为地方公益协会或慈善协会。

分析这一趋势变化的原因，一方面，慈善信托的保值增值功能得到行业各主体的进一步确认，公益金融业务的内在逻辑和市场空间进一步明晰。企业委托设立慈善信托的意愿和目标与社会组织略有分别。社会组织擅长公益，设立目的主要是增值保值，企业客户则在捐赠份额上绝对占优，公益性是其主要设立目的。社会组织与信托机构在公益和理财上是分工合作关系，通过借助自身吸收企业和个人捐赠的传统优势，与信托开展公益金融合作、实现优势互补，有利于做大自身公益规模，更好推动社会慈善事业发展。

另一方面，基金会等社会组织具有为各类捐赠主体开具所得税抵税发票的资格，而信托目前并没有获得这一资格，这对形成以上变化也有一定的影响。委托人通过社会组织设立慈善信托可获得捐赠票据，社会组织只是名义上的委托人。

近年来，苏州市慈善总会、青岛市吉上卓锋慈善基金会、福建省兴业证券慈善基金会等一大批社会组织在已有成功实践经验的借鉴基础上，通过慈善信托的专业化、精细化投资管理，实现“慈善+金融”的扩面，推动慈善资产安全、高效实现保值增值。

2021 年，以自然人为委托人的慈善信托有 33 单。其中，规模上千万元级的有 4 单：“平安翰德”慈善信托、“钱江科学研究”慈善信托、“徐维堂、俞芬美夫妇振兴乡村”慈善信托、“中航信托·明德园乡村生态文化振兴”慈善信托，显示慈善信托作为个人或家庭公益规划的助手，正在进入顶层财富人士制度、机制与手段选择的视野；33 单中，只有 1 单选择的是信托公司与慈善总会双受托人机制，其余全部采取的是信托公司单一受托方式，也佐证了这一点。33 单慈善信托投向公益领域居前的为：教育 23 单、扶贫济困 21 单、卫生 16 单（部分慈善信托包括多个目的，统计数据有重合），在 2021 年的占比高于在过去 5 年中占比的领域主要有：应急救援 10 单、环保 10 单、文化 9 单、体育 6 单，凸显了自然人关注相对较多、关注度提升较快的几个公益领域。

2021 年，委托人为机关法人的慈善信托有 2 单，分别为成都市民政局发起设立的“中铁信托—蓝光集团·石渠‘高寒藏区助学计划’”慈善信托和甘肃省临洮县乡村振兴局发起设立的“中诚信托 2021 诚善·信托保障基金·临洮乡村振兴”慈善信托，机关法人委托设立慈善信托，体现了慈善信托在公信力、透明度、独立性方面具有一定的优势，及由此而获得的政府部门的信任，现在慈善信托已成为解决民生、环保、社会等治理问题的好帮手。

此外，混合型委托人，即多种类型委托人主体共同发起设立的慈善信托有 20 单，其中 6 单为企业与基金会或慈善总会共同作为委托人；6 单为自然人与社会组织或事业单位法人共同作为委托人。这一类慈善信托数量呈现逐年增加的趋势，企业与公益组织、自然人与公益组织在传统公益领域结下了相对牢固的主客体和信任关系，随着慈善信托等新型公益手段的兴起，企业与公益组织、自然人与公益组织向新公益领域拓展以巩固和提升合作关系的效应不断显现。

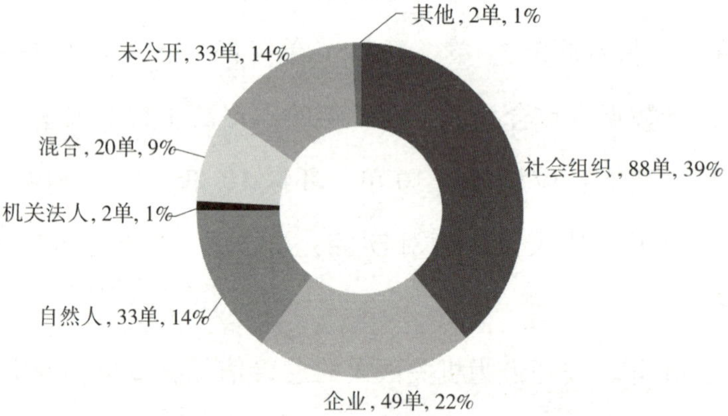

图 12　2021 年新增慈善信托按委托人类型的数量分布

2. 同一委托人设立多单慈善信托

2021 年有多位委托人在已经设立过一单或多单慈善信托的情况下，再次设立慈善信托，其中包括 4 名自然人、12 家企业（其中 4 家为集合发起）、6 家基金会、9 家地方慈善总会和 1 家慈善

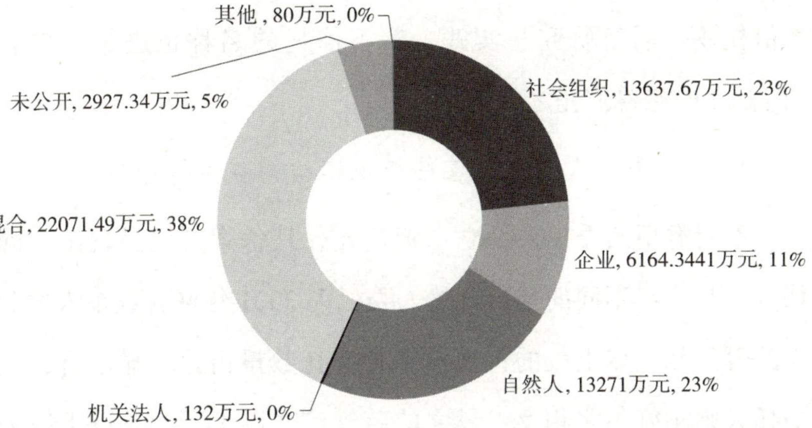

图 13　2021 年新增慈善信托按委托人类型的金额分布

协会。例如，五矿证券有限公司 2021 年一年内先后委托设立 5 单慈善信托，浙江锦江公益基金会 2021 年一年内先后委托设立 4 单慈善信托，南京市慈善总会、河南锦雍置业有限公司、杭州市上城区慈善总会、金华经济技术开发区慈善总会、成都市慈善总会等 2021 年一年内先后委托设立 3 单慈善信托，显示出较高的参与慈善信托的活跃水平。

3. 同一慈善信托在追加财产过程中增加委托人

2021 年有多单慈善信托在往年已设立的情况下，通过备案变更，增加一位或多位委托人，增加慈善信托财产。其中包括 6 家企业、15 家地方慈善总会和 8 家基金会。例如，中国慈善联合会在光大兴陇信托有限责任公司于 2020 年 3 月 13 日受托设立的“与爱同行”慈善信托的基础上增加了委托人（中国慈善联合会）

和信托财产（从100万元增加至102万元），信托目的扩大为慈善信托业务创新研究与实践，慈善信托的名称也进一步更名为“创新支持慈善信托之慈善信托”。

4. 各类委托人设立慈善信托规模结构各具特色

不同类型的委托人设立慈善信托，其备案规模呈现出不同的特点。与往年不同的是，自然人委托人2021年联合或个人发起设立的百万元及以上级的大规模慈善信托数量占比明显上升，企业委托人则刚好与之相反，设立的慈善信托以十万元及以下级的小规模为主。总体而言，自然人和社会组织委托人设立慈善信托在各规模上分布较为均衡，混合型委托人设立的慈善信托以百万元级的大规模和十万元及以下级一大一小为主；企业和不公开型委托人设立的慈善信托以十万元及以下级的小规模为主；机关法人委托人设立的慈善信托以十万元和百万元的中等规模为主。①

社会组织、企业、自然人、机关法人和混合型委托人在2021年设立的慈善信托中，规模在十万元以下级的分别占25%、28%、19%、0%和9%；规模在十万元级的分别占43%、23%、10%、1%和4%；规模在百万元级的分别占40%、17%、16%、2%和18%；规模在千万元及以上级的分别占42%、17%、0%、33%、和0%。

① 2021年慈善信托的委托人包含自然人、社会组织、企业、混合、群众性自治组织、机关法人、未公开七类，其中委托人为群众性自治组织的仅有1单，委托人为机关法人的仅有2单，不具有统计意义、未公开的委托人不具有分析意义，所以此处分析仅包含前四类委托人。

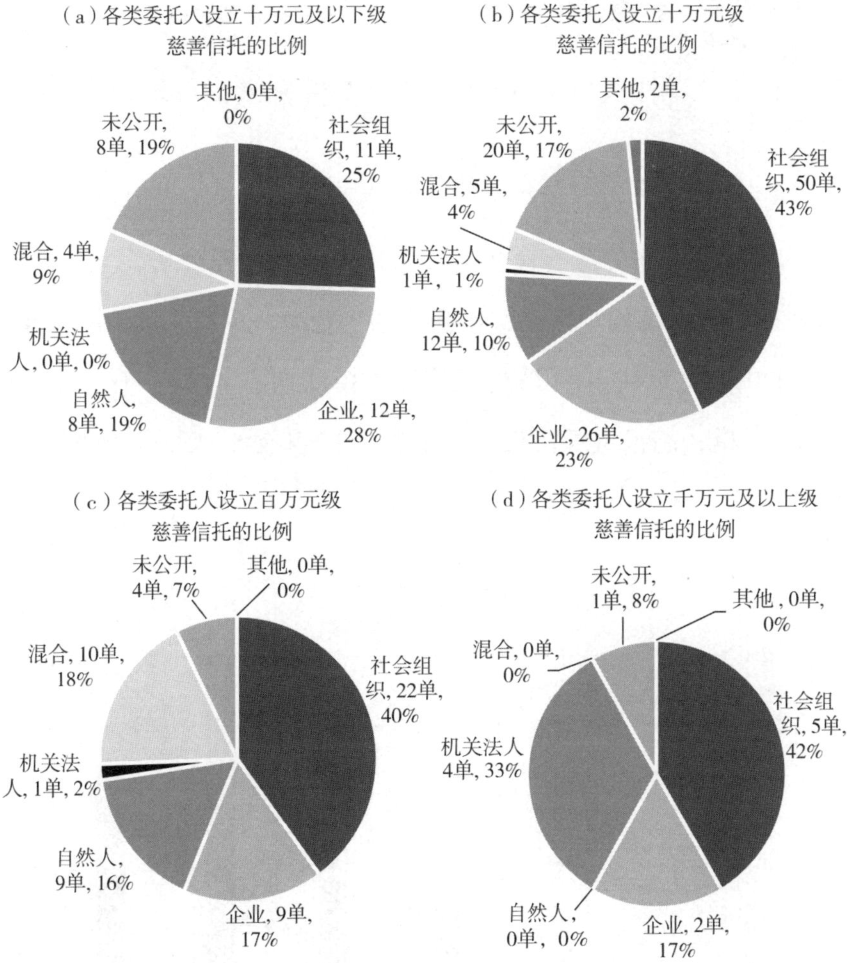

图 14　各类委托人 2021 年新增慈善信托的规模在（a）十万元及以下级、（b）十万元级、（c）百万元级、（d）千万元及以上级的数量占比

对于 2016—2021 年备案的全部慈善信托，上述结论总体仍然成立，表明各类委托人设立慈善信托的规模结构具有稳定性。大额慈善信托比行业期望的要少，慈善信托发展的规模结构与预期不符，如前所述，主要还是在于制度方面的原因。比如美的集团以 1 亿股权设立慈善信托无法落地。

（四）受托人结构中双受托比例提升

1. 信托公司仍为受托机构中的主力军，双受托比例大幅提升

2021 年备案的慈善信托中，受托人仍以信托公司为主，保持以往的受托人结构。其中，信托公司担任单一受托人的有 173 单，比 2020 年减少 80 单；采用双受托人模式的有 49 单，比 2020 年增加 38 单；慈善组织担任单一受托人的仅有 5 单，比 2020 年增加 3 单。

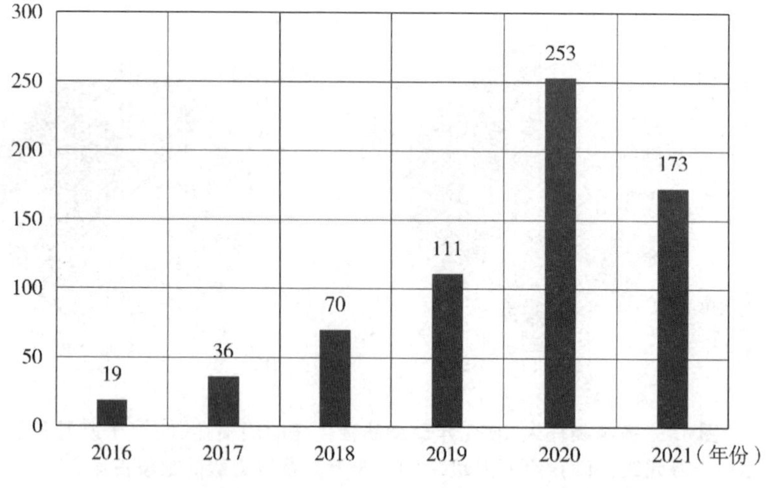

图 15　2016—2021 年信托公司担任单一受托人的慈善信托数量（单）

自 2020 年为应对疫情出现了慈善信托的一个小高峰之后，慈善信托业务日渐步入理性发展轨道。作为公益金融业务，由信托公司和慈善组织共同担任受托人的双受托人模式，通过将信托公

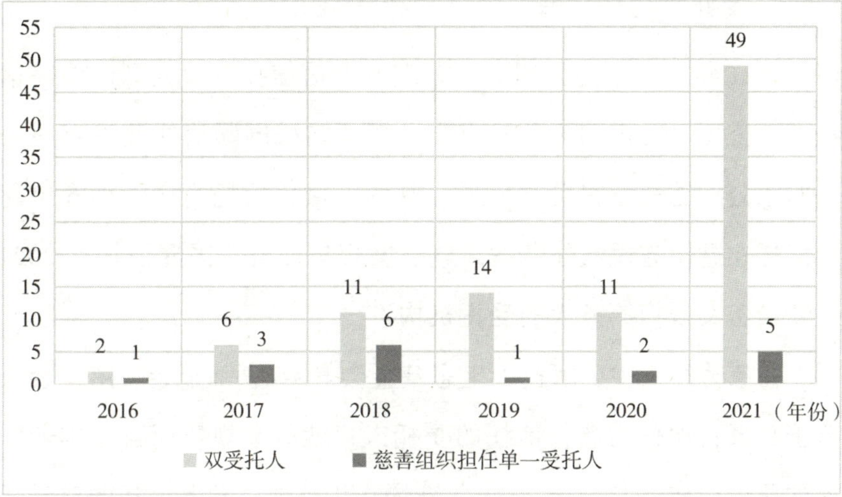

图 16　2016—2021 年双受托人和信托公司为单一受托人慈善信托数量（单）

司信托财产管理优势与慈善组织公益项目运营能力相结合，实现专业化分工，可以发挥优势互补、相互促进的效果。因此，双受托人模式自 2016 年诞生至今，越来越受欢迎，并日渐获得慈善信托发起人、受托人等各方参与主体的广泛认可。在疫情叠加国内外经济下行压力增大的背景下，采用这一模式的慈善信托落地数迅速增加，也说明了这一点。

慈善组织作为法定受托人之一，并未充分利用慈善信托这一工具开展慈善活动。事实上，慈善信托不仅具有保值增值的工具性特点，还具有独立性强、信息披露更加公开透明等特点。慈善组织可以根据情况主动寻求捐赠委托人特别是大额捐赠客户受托设立慈善信托，以便更好地服务委托人的慈善需求，同时获得更强的公信力。

2. 受托机构持续增多

2021 年，在信托公司中，湖南省财信信托有限公司、国民信托有限公司、交银国际信托有限公司、雪松国际信托股份有限公司四家公司首次备案慈善信托。其中，财信信托受托管理 6 单慈善信托在湖南省民政厅备案。就备案规模而言，国元信托是 2021 年新增备案规模第五大的受托机构。

在慈善组织中，阿拉善生态基金会等 46 家基金会、慈善会或慈善总会首次作为慈善信托的受托人。就备案规模而言，排名居首的昆山市慈善基金会 2021 年新增作为已成立慈善信托的双受托人之一，共同管理运用 5 亿元的信托财产。深圳壹基金公益基金会和北京联益慈善基金会分别位列第二、第三名。就备案区域上，浙江省杭州市基金会新增受托设立的慈善信托最多，共 10 单。

受托机构的增多表明行业对慈善信托的热情不减，更多机构积极探索慈善信托的实践模式，有利于慈善信托在政策突破后蓬勃发展。

3. 受托人集中度仍然较高

截至 2021 年底，共有 62 家信托公司担任过慈善信托受托人，其中 61 家担任过单一受托人。受托人的集中度仍然较高。2021 年备案慈善信托数量最多的是万向信托股份公司，备案 62 单；其次是光大兴陇信托有限责任公司，备案 23 单。从 2016—2021 年累计来看，目前受托管理慈善信托数量最多的是光大兴陇信托有限责任公司，受托数量已经突破100单，达到133单，财产规模为7.66亿元；第二为万向信托股份公司，受托管理116单，财产规模为10.57亿元。有17家信托公司受托管理慈善信托不足3单。

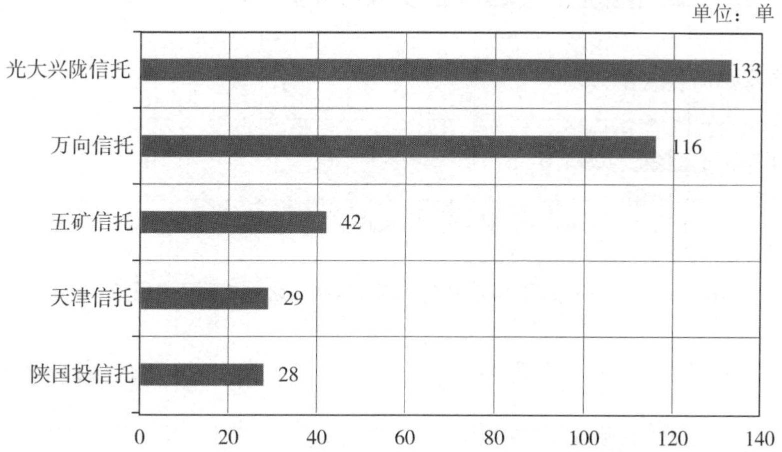

图17　2016—2021年慈善信托备案数量最多的五家信托公司

在慈善组织中，截至2021年底累计受托管理慈善信托最多的仍是天津市福老基金会，受托数量为22单，财产规模为859.97万元，其受托管理的慈善信托均由天津信托有限责任公司作为共同受托人。此外，南京市慈善总会受托管理5单慈善信托；深圳市社会公益基金会受托管理4单慈善信托；浙江省金华市金东区慈善总会和婺城区慈善总会各受托管理3单慈善信托；中国扶贫基金会、云南省青少年发展基金会、桐庐县慈善总会、天津市武清区慈善协会、天津市慈善协会、深圳市慈善会、嘉善县慈善总会、杭州市上城区慈善总会、杭州市临平区慈善总会、佛山市慈

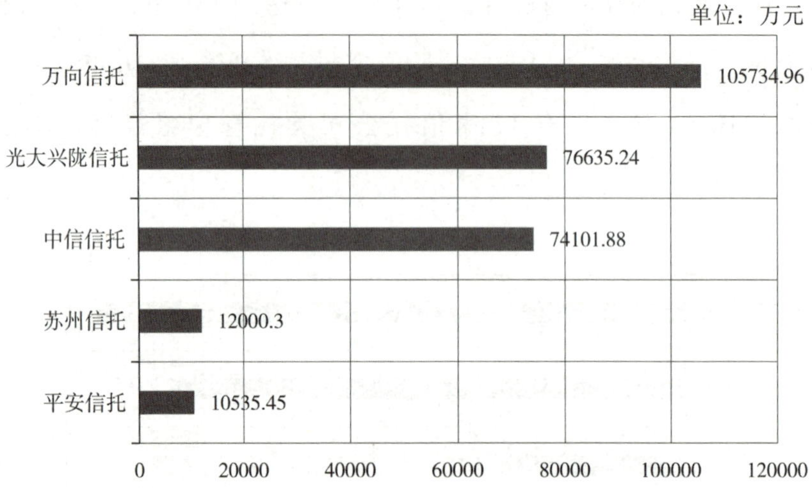

图 18　2016—2021 年慈善信托备案规模最大的五家信托公司

善会、北京市企业家环保基金会、阿拉善生态基金会 12 家慈善组织各受托管理 2 单慈善信托。

(五) 慈善信托期限愈趋灵活

1. 无固定期限彰显信托灵活性

截至 2021 年底，我国全部 773 单慈善信托中，信托期限呈现结构多样化特征，以短期慈善信托为主力军。其中短期（5 年期及以下）慈善信托共计 356 单，占比 46. 05%；中期（5—10 年期)、长期（10 年期以上)、永久存续及不设固定期限慈善信托分别占总体的 7. 37%、3. 36%、18. 37%和 24. 71%。

2021 年新增慈善信托中 10 年期以上和不设固定期限慈善信托的设立数量有所增加，其他期限的慈善信托数量都有所减少。

与2016—2021年慈善信托总体期限结构相比，2021年不设固定期限慈善信托的数量较2020年增加了32单，占2016—2021年全部同类期限慈善信托总数量的51.83%，远高于2016—2021年该类期限慈善信托占全部慈善信托的比重（24.71%），也高于2021年该类期限慈善信托占当年全部慈善信托的比重（43.61%）。慈善信托对于年度慈善支出没有限制，资助的进度可根据委托人的意愿有策略地进行安排，因此不设固定期限是慈善信托灵活性的直接体现，相信这样的期限设置方式将会成为慈善信托期限的主流。

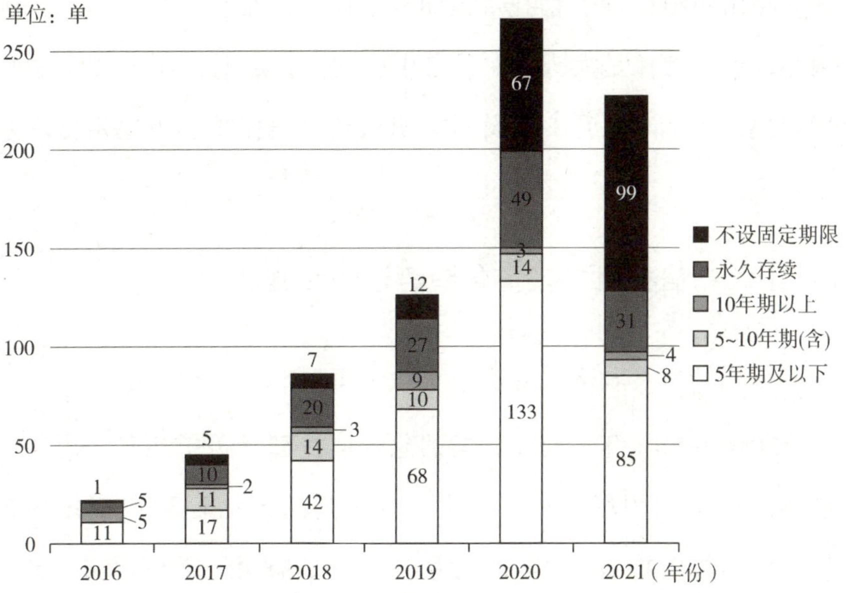

图19 2016—2021年慈善信托数量按期限的分布

2. 慈善信托规模的期限分布以10年期以下和不设固定期限为主

从备案规模看，2021年慈善信托规模的期限分布均衡，以永久存续和不设固定期限为主。其中，短期（5年期及以下）慈善信托新增规模共计12602.62万元，占比21.62%；中期（5~10年期）慈善信托新增规模共计6770万元，占比11.62%；长期（10年期以上）慈善信托新增规模共计421万元，占比0.72%；永久存续慈善信托新增规模共计27780.99万元，占比47.66%；不设固定期限慈善信托10709.23万元，占比18.37%。

2016—2021年，信托规模期限总体呈现结构多样化特征，永久存续慈善信托是大头，但近三年比重一直走低，10年以下中短期规模占比不断上升，不设固定期限慈善信托规模占比走低后基本趋平。

（六）信托目的多重化趋势进一步强化

信托目的更加多元务实、关注体育环保的比例上升

2016—2021年，每年备案的慈善信托都涵盖了慈善法规定的慈善活动所有领域。其中，扶贫济困是慈善信托重点聚焦的领域，备案数量共421单，占比为55.76%；此外，教育领域也受到较高的关注，备案数量为389单，占比为50.32%。2021年，由于新冠肺炎疫情得到有效防控，关注应急救援领域的慈善信托同比下降了47.54%，而随着当时2022年北京冬奥会举办日的临

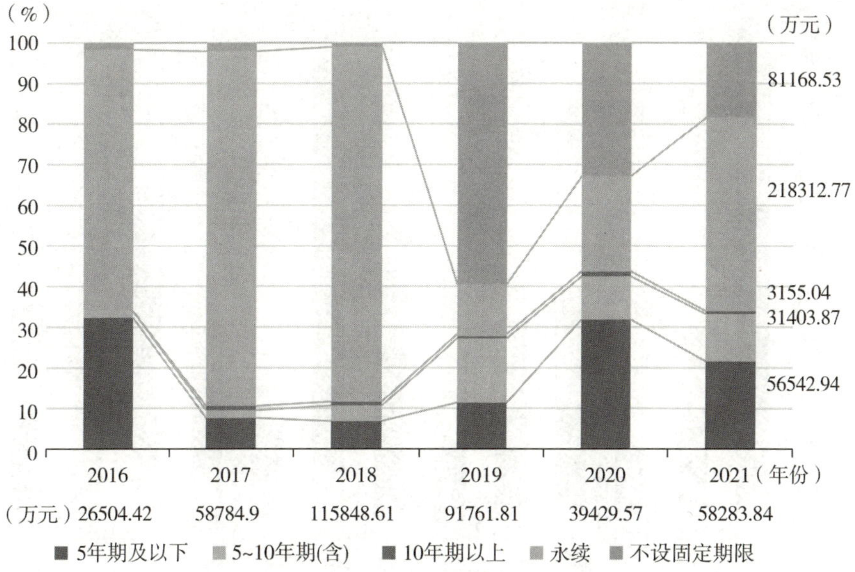

图 20　2016—2021 年慈善信托规模按期限的分布

近，关注体育领域的慈善信托备案数量达到 53 单，同比猛增了 112%。此外，全球范围内对气候等环境议题的关注和取得的新共识，也促进了环保领域慈善信托的发展，备案数量达 89 单，同比增长了 111.90%。①

① 若一个慈善信托的信托目的包含多个领域，则在相应的领域上各计入一次。信托目的中明确提到某一特定领域，然后再笼统提及“慈善法规定的其他多个领域”的，只认定该特定目的为信托关注领域；信托目的中未提及任何特定领域，仅笼统提及“慈善法规定的多个领域”的，认定信托关注慈善法中提到的所有领域。

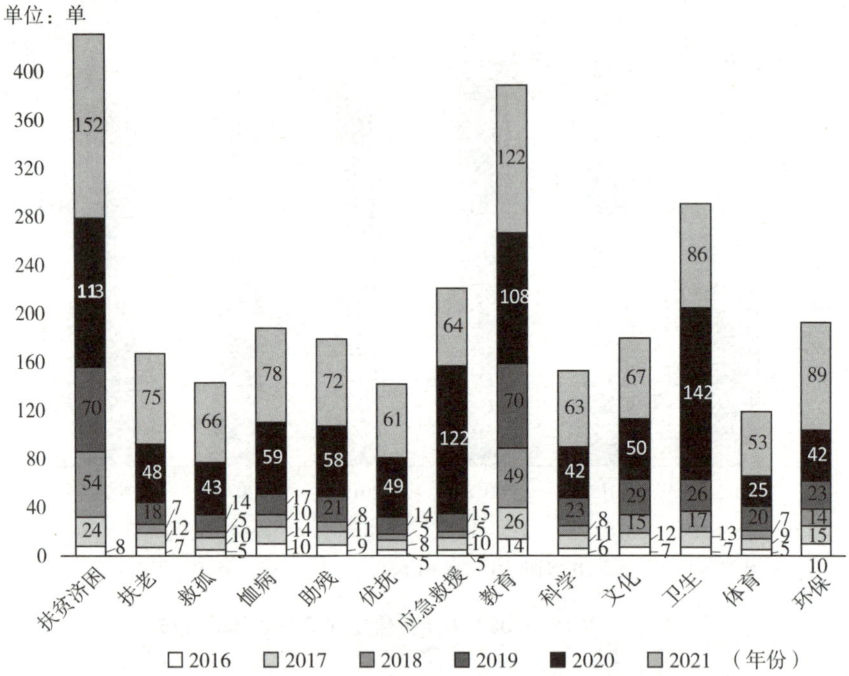

图 21　2016—2021 年慈善信托按信托目的的分布

（七）银行托管稳固发展

1. 全国股份制商业银行参与积极性强

截至 2021 年底，担任过慈善信托的托管银行数为 32 家，比 2020 年增加了 1 家，为中山农村商业银行。32 家银行中包含 6 家大型国有控股商业银行，9 家全国股份制商业银行，13 家城市商业银行和 4 家农村商业银行。

从托管的慈善信托数量来看，2016—2021 年累计托管数量最多的是招商银行，托管 177 单慈善信托；其次是兴业银行，托管 150 单慈善信托；第三是光大银行，托管 76 单慈善信托。托管慈善信托数量最多的三家银行均为全国股份制商业银行，反映出全国股份制商业银行参与慈善信托的积极性最高，这可能也与不同银行审批机制灵活性以及对待慈善信托托管费收费较低或不收费的不同处理有关。从增量来看，2021 年新增托管的慈善信托数量最多的为兴业银行，新增 69 单；招商银行和光大银行分别以 47 单和 18 单位居第二和第三。

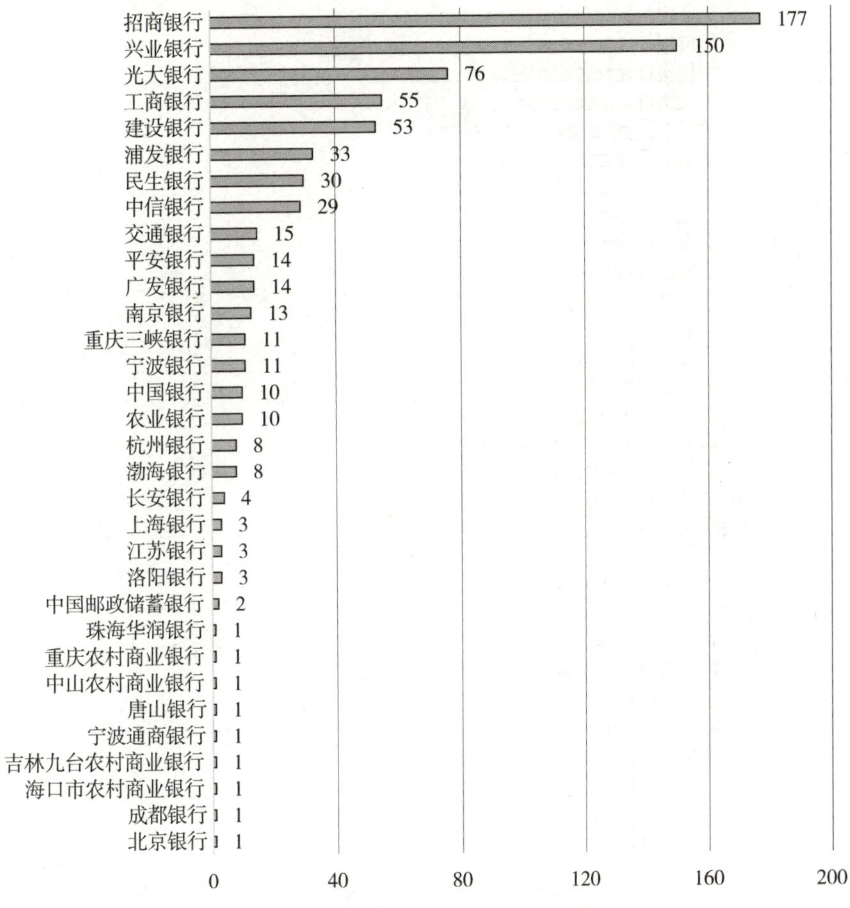

图 22　2016—2021 年银行托管慈善信托的数量（单）

2. 托管业务高集中度趋稳

从托管的慈善信托规模来看，2016—2021 年累计托管规模名列三甲的同样是全国股份制商业银行：招商银行以 108973.53 万元的托管规模位居第一；兴业银行以 71081.49 万元的托管规模位居第二；中信银行以 62480.13 万元的托管规模位居第三。

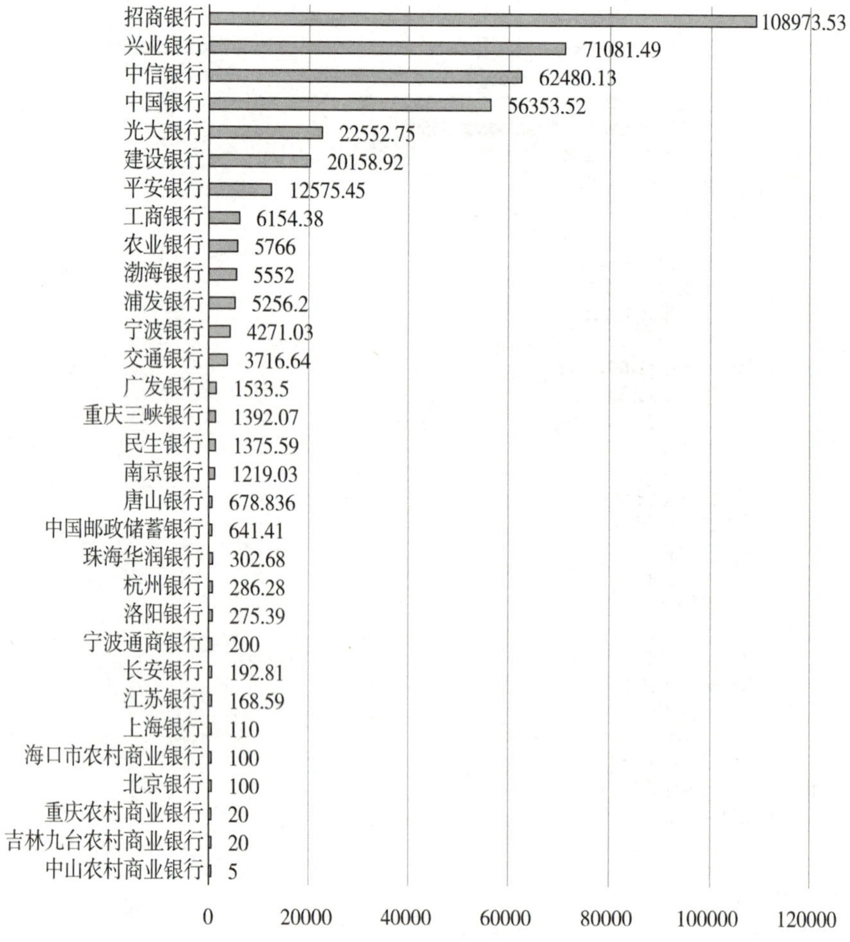

图 23　2016—2021 年银行累计托管慈善信托的规模（万元）

托管业务的集中度较高，排名前三位的托管银行所托管的慈善规模占全部慈善信托规模的比例达到60.31%，与2020年持平。

从增量来看，2021年新增托管的慈善信托规模最高的是招商银行，新增托管规模30353.42万元；其次是平安银行，新增托管规模为6520万元；第三是中国银行，新增托管规模为4999万元。

（八）律师事务所在监察人中保持主导地位

1. 慈善信托设置监察人比重不断走低

慈善信托设置监察人，有利于更好地维护委托人和受益人的权益，是慈善信托顺利运行的重要保障。当然，一些客户基于对信托公司特别是国有信托公司受托管理资质和水平的认可与信任，加上监察人设置客观上也增加了费用支出和受益人为获取资助的事务处理时间和工作量，因此在规模较小时，慈善信托对于设置监察人的必须性趋于淡化。在目前备案的全部慈善信托中，有42.17%设置了监察人，而且相对规模要小于不设监察人的平均值，也进一步印证了这一点。

2. 律师事务所在监察人中占主导地位

从备案数量看，2016—2021年慈善信托监察人共涉及147个主体，其中有93家律师事务所、10家社会组织、11家会计师事务所、6家企业、2家机关法人和25位自然人。

律师事务所在担任监察人的各类主体中占据绝对主导地位，

由律师事务所担任监察人的慈善信托占全部慈善信托的33.77%。监督信托的运行和管理是否符合法律法规的规定以及信托文件的约定是慈善信托监察人的重要职责之一，具有专业法律背景的律师事务所作为独立的第三方机构，在担任监察人方面具备天然的优势。

此外，由社会组织担任监察人的慈善信托占比为2.21%；由会计师事务所和自然人担任监察人的占比分别为2.47%和2.08%；由公司和机关法人担任监察人的占比分别为1.17%和0.26%。

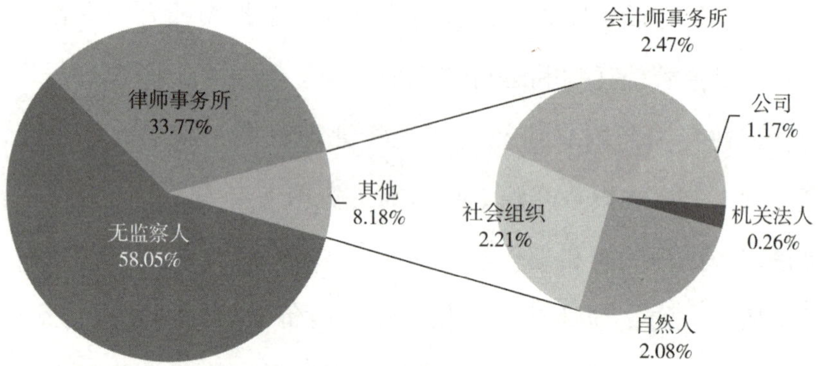

图24　2016—2021年备案的慈善信托监察人分布

在各主体中，作为监察人参与慈善信托数量最多的是上海锦天城律师事务所，累计在63单慈善信托中担任监察人；第二是北京大成律师事务所，累计在30单慈善信托中担任监察人；第三是北京市中盛律师事务所，累计在26单慈善信托中担任监察人；泰和泰律师事务所以参与21单慈善信托位列第四；上海邦信阳中建中汇律师事务所以参与13单慈善信托取代江苏新天伦律师事务所位列第五。2021年有27家律师事务所、2家社会组织、1家公司、4位自然人、1家机关法人和3家会计师事务所首次担任信托监察人，慈善信托的参与主体进一步丰富。

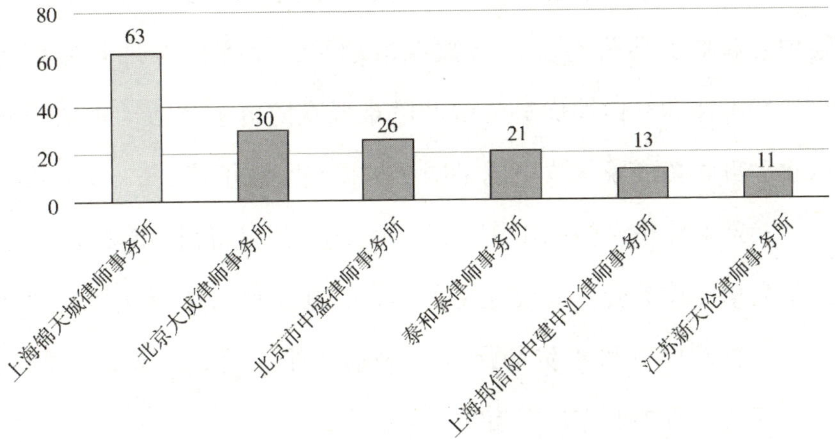

图25　监察慈善信托数量最多的六位监察人的监察数量（单）

（九）信托业协会引导慈善信托促乡村振兴和共同富裕

中国信托业协会充分借鉴信托助力脱贫攻坚取得成果的实践经验，鼓励信托公司继续积极发挥自身平台优势和专业优势，与慈善信托制度优势相结合，大力探索与实践慈善信托助力乡村振兴、共同富裕的创新模式，以可持续性路径推动乡村振兴和共同富裕。

协会积极引导信托公司和社会资源，通过设立慈善信托或直接捐赠的方式引进并落实272.8万元资金支持定点帮扶项目。

一是引导上海信托以慈善信托出资35万元，在上海开设临洮县县乡两级干部综合能力提升专题研修班，邀请复旦大学、南开大学多位教授，为临洮县30名县乡两级干部提供为期一周的培训。

二是引导中诚信托出资80万元，帮扶和政县“防贫保”保险项目和临洮县猪肉价格指数保险项目，发挥保险机制的普惠性、精准性和补偿性优势，帮助困难群众防范生产活动中的经营风险，巩固拓展脱贫攻坚成果同乡村振兴有效衔接。

三是引导华宸信托出资20万元、中国民生信托出资5万元，由华宸信托作为受托人设立慈善信托，帮扶察右中旗商品型“防贫保”保险保费和“防贫保”预警监控平台升级（2.0）项目，为当地防返贫事业作出了有力贡献。

四是引导华宸信托出资20万元并作为受托人设立慈善信托，帮扶察右后旗大井村建设项目，分别为大井村引进一台饲料打捆机和种牛种羊若干头，提高村民农业生产效率和带动村民改良牛羊品种，提高养殖产业效益。

五是引导国民信托出资30万元，帮扶临洮县康佳集乡花卉灌溉工程项目，为当地建造水池、机房、浇灌设备，结合当地土壤优势，充分发展芍药花特色种植产业，增强贫困户自身“造血功能”。

六是引导爱建信托出资50万元，为临洮县新添卫生院、辛店卫生院配备负压救护车2辆，快速补齐了院前急救环节的突出短板，提升了临洮县医疗应急救援能力，为临洮县人民的生命安全增加了一重温暖有力的保障。

七是引导光大信托出资32.8万元，其中20万元用于和政县建设农产品商城；12.8万元驰援临洮县建设蔬菜大棚。

三、2021年慈善信托典型案例评析

（一）光大信托“善系列”慈善信托案例

光大信托“善系列”慈善信托，包括“善行”和“善益”等，最早成立于2021年3月5日，是光大信托新发的一个集合信托计划产品系列。该产品面向有捐赠收益意向的中小体量（可投资产在1000万元以下）个人财富客户，通过设立集合计划并设置“营利信托—慈善信托”TOT结构的业务模式创新设计，在金融产品中增加慈善属性，以充分获取客户、广泛募集社会资金。

信托财产（含收益）中部分比例作为善款捐献给特定慈善项目，既可以满足客户增值保值需求，又能让客户参与爱心项目。按照双方在合同中的约定，客户在出资认购信托产品时，已同意将信托收益中的2‰及其相应收益捐出，转入受托人光大信托发起设立的慈善信托。

该产品类型是组合投资类，期限2~3年，预期收益率平均在7.6%~7.9%/年，资金用途是认购光大信托审批通过的信托计划

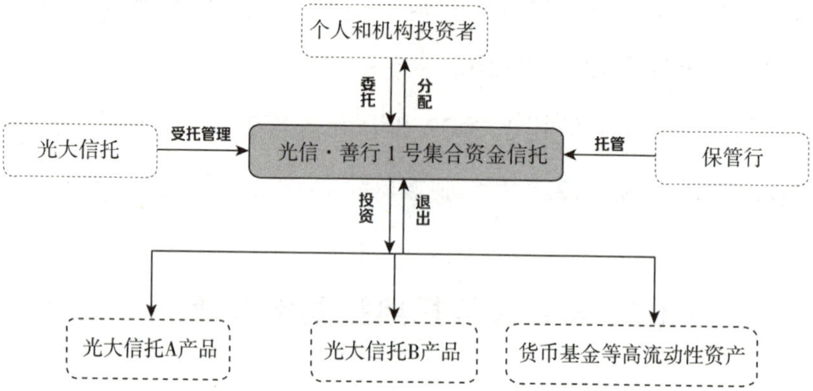

图 26 光大信托“善系列”慈善信托 TOT 创新模式交易结构

份额或受让光大信托已成立信托计划的信托受益权，包括非标准化信托计划、标准化信托计划（含现金管理类信托计划、固定收益类证券投资类集合资金信托计划）以及受托人光大信托发行的慈善信托计划。

截至 2021 年末，该产品已成功完成发行 30 只，募集资金 75 亿元，预计将有 1500 万元左右资金按照客户的意愿转入光大信托“善系列”慈善信托，用于资助各类公益项目，通过为金融客户开展公益捐赠附加服务，有效拓展了慈善资金的渠道。

（二）“鲁冠球三农扶志基金”股权慈善信托流通股减持实现公益资金注入案例

2018 年 6 月，万向集团以万向三农集团有限公司所有股权设立“鲁冠球三农扶志基金”慈善信托，信托财产及其收益全部用于公益慈善。相关报道显示，经资产评估，以 2020 年 6 月末为基准日，鲁冠球三农扶志基金慈善信托所持有的股权价值已达141.71亿元；加之该慈善信托项下的现金及金融资产，该慈善信托的资产规模总计达141.79亿元，是目前国内资产规模最大的慈善信托，也是首个资产规模超过百亿元的慈善信托。

2021年以来，万向三农集团先后于2月26日、9月25日和12月3日三度公告减持航民股份的股票，通过大宗交易、集合竞价方式当年已累计实现减持航民股份54040685股，占公司原总股本的5.14%，减持价格区间为4.63元/股~5.74元/股，累计金额超2500万元。减持后，万向三农在航民股份的持股比例已从年初的11.422%下降到6.279%。减持理由从最初公告的“运营安排”变为“大额公益项目支出所需”。

浙江航民股份有限公司成立于1998年1月，位于杭州市萧山东部航民工业园内，是一家“纺织印染+黄金饰品”双主业发展，并以热电、非织造布生产、工业用水、污水处理及海运物流等产业相配套的公司，是中国“印染行业竞争力十强企业”（加工能力位列全国第二），同时也是中国黄金首饰产业重要生产基地，黄金饰品加工量位居全国第三。

大额公益项目支出需要资金，股权慈善信托账户在持股期间实际是空资金账户。只有在将信托所持股权减持，并实现变现资金真实入账后，方能开展公益投放，行业之前已设立的慈善信托绝大部分为资金或实物慈善信托，财产权型的慈善信托很少，且大多实质为他项信托产品在未来某个时间到期分配本息后，将收

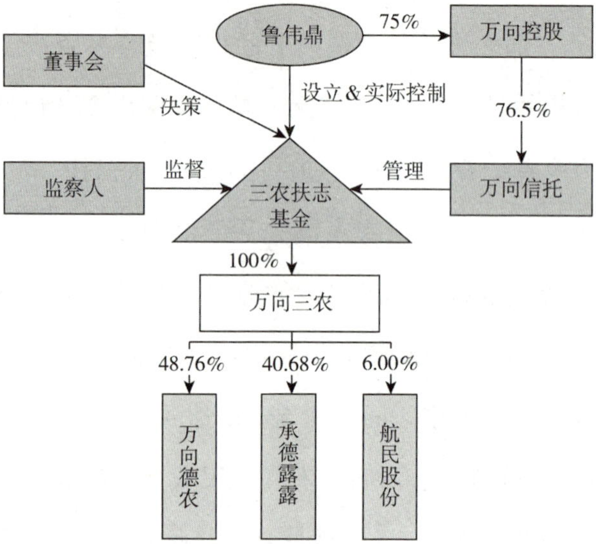

图 27 万向信托“鲁冠球三农扶志基金”股权慈善信托交易结构

益转入慈善信托的情形。股权慈善信托在股权的定价、交易过户等操作和税费相关政策配套上还没有成例可循。万向信托“鲁冠球三农扶志基金”股权慈善信托以上市公司流通股股权设立慈善信托，借助二级市场上流通股在市场定价、过户和税费征缴上的规范、透明和高效监管的外部有利条件，成功操作了航民股份的分批减持，为公益支出计划及时注入资金。

从这个意义上说，万向三农集团 2021 年减持航民股份的操作带有很强的创新实践特性，也为行业提供了颇具参考价值的样本。

(三)“平安翰德”慈善信托案例

“平安翰德”慈善信托由平安信托于9月27日受托备案设立，总规模为5000万元，是今年行业新设立的最大单一个人慈善信托，在全部已备案的个人慈善信托中规模排名前三。主要用于促进教育事业发展，帮扶因病返贫人群、残疾人、孤寡老人等困难群体，以及救助突发事件造成的损害等。同时，该企业家还希望将慈善“根植”于自己子女的心中，让家族的公益事业得以延续。

该产品最大的创新和推广亮点在于，它是由平安私人银行协助客户委托集团内信托机构设立的，平安银行是该慈善信托的保管银行与投资顾问，为慈善信托提供账户管理、保值增值投资和委托私行运营平台提供公益投向管理方面的专业服务。

麦肯锡数据显示，截至2020年底，中国个人金融资产已达205万亿元人民币，创下历史新高。以个人金融资产计算，中国已成为全球第二大财富管理市场、第二大在岸私人银行市场。近年来，国内外政府部门、信托等金融机构和公益专业机构已形成共识——慈善事业是家族精神传承和实现基业长青的重要途径。越来越多高净值人群试图通过布局公益慈善事业，设立慈善信托等方式，让家族精神跨越生命周期，实现家族财富长久传承。

平安银行私人银行持续升级慈善规划服务内涵，从“以产品为中心”向“以客户为中心”转向战略实施以来，不断创新公益

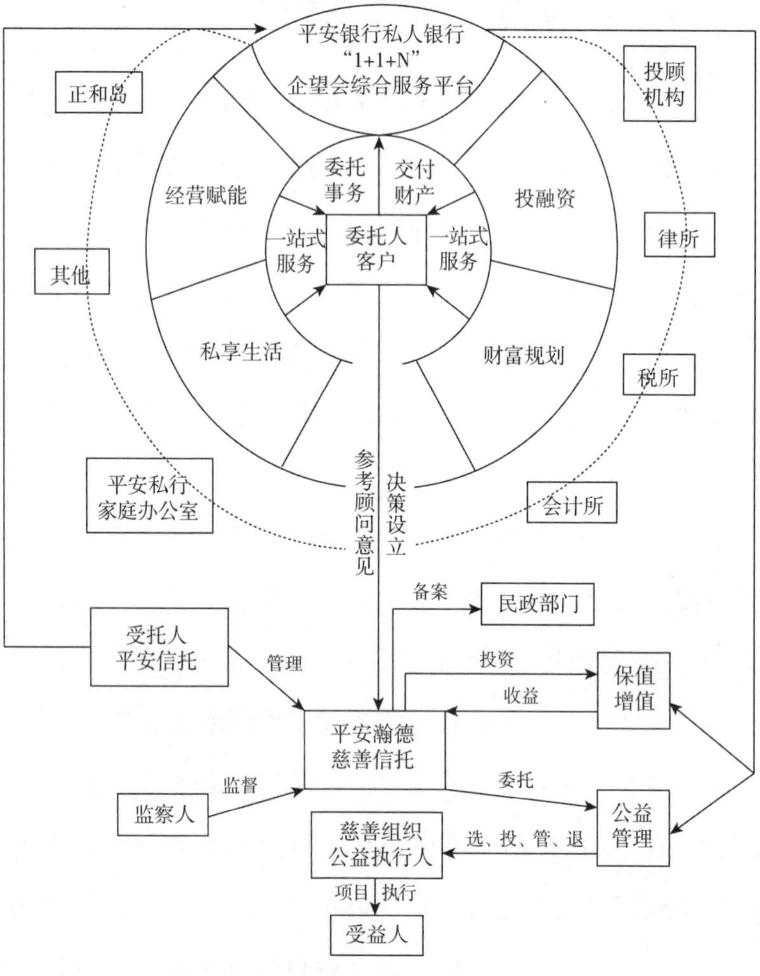

图 28　平安翰德慈善信托交易结构猜想

模式，将参与支持公益慈善事业变得更专业、持续、简单，通过“五位一体”零售大作战模式和推出多渠道联动、全场景覆盖、多角色协同、全旅程陪伴的“随身陪伴”服务，让高净值人群在提升受助群体生命质量的同时，也提升捐赠人的价值认可感，真正以善心善用，回报社会，并带动更多的社会力量参与公益慈善事业，推动社会和谐进步。

（四）中国慈善联合会"创新支持"慈善信托案例

"光信善·创新支持慈善信托之慈善信托"是中国慈善联合会与光大信托合作设立的集合慈善信托，其中委托人光大信托以财富泽惠集合信托计划财产中不低于0.3%的比例出资不低于100万元，委托人中国慈善联合会出资不低于2万元。

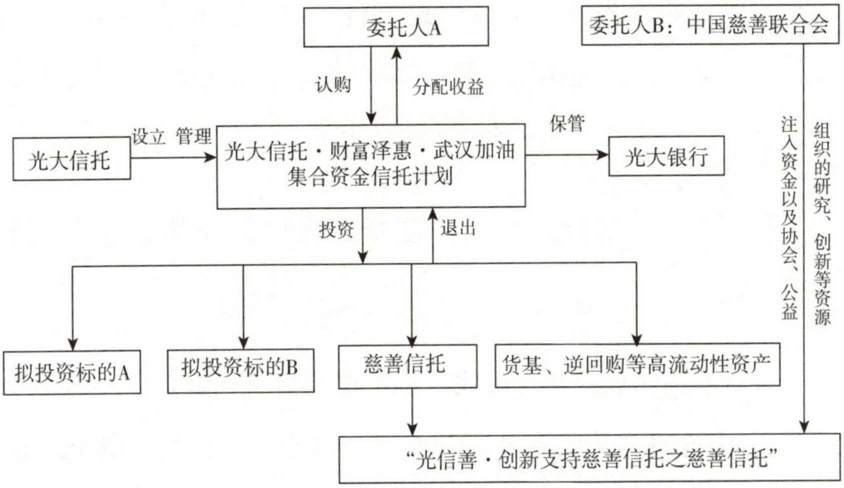

图29 中国慈善联合会"创新支持"慈善信托交易结构

该产品亮点包括：一是该信托是全行业首单以慈善信托方式支持慈善信托创新研究、制度建设、政策推动等。中国慈善联合会作为本产品的发起方，对于整合行业顶级研究、创新和政策资源推动慈善信托业务发展具有探索引领作用；二是设立慈善信托决策委员会对慈善项目、资金使用进行决策。资金使用情况随时在“慈善中国”网站公示，接受公众监督，确保每笔资金使用情况清晰可见，信息公开透明。

四、2022 年业务发展展望

2021 年，是公益慈善事业一个重要历史节点。在这一年，我国通过中国共产党建党百年庆祝大会向世人正式作出了脱贫攻坚战取得胜利的宣告，党中央正式出台了以乡村振兴衔接脱贫攻坚、发挥第三次分配作用、促进实现共同富裕等为主要内容的系列文件。对于慈善信托未来的发展，其意义非同凡响。

（一）第三次分配和共同富裕的提出对慈善事业发展意义重大

财富鸿沟已成为全球挑战。根据瑞士信贷《2021 年全球财富报告》，从全球来看，在新冠肺炎疫情打击下，2020 年多国 GDP 增速为负值、失业率和物价高企，但没有妨碍全球新增 521.1 万个百万富翁（以美元计算）。到 2020 年末，全球最富有的 10%的人群拥有全球 82%的财富，其中，最富有的 1%的人群就拥有近一半（45%），而处于全球财富最底层的 50%的人群拥有财富占比不足 1%。两极分化是社会冲突的根源。

为有效应对收入差距、财富鸿沟可能给我国社会公平和效率带来的挑战，党中央先是对我国社会主要矛盾的表述作了重要调整，指出“不平衡不充分的发展”已超越“落后的社会生产力”，成为“人民向往和追求美好生活”的首要奋斗对象。再是正式出台了以扩大三次分配、促进共同富裕为主要内容的系列文件，有利于包括慈善信托在内的公益慈善事业的进一步快速发展。

（二）慈善信托有望成为金融与公益跨界合作新模式

金融机构在推动经济高质量发展、促进共同富裕的过程中承担着多方面的任务。大力促进“公益”与“金融”的跨界融合，把金融的手段、商业的方法引入公益事业，有利于引导财富向上向善，主动服务第三次分配、有效助力共同富裕。

过去数十年间，监管部门和金融机构围绕减贫、助农、支持中小企业成长等实质属于缩小收入差距、促进共同富裕范畴的目标开展了一系列公益和金融跨界合作模式的研究与探索，但模式中商业逻辑的普遍缺失导致业务内生成长性和持续性不强。国外比较著名的如“格莱珉中国”“国际小母牛组织中国项目”，在中国主要面临的是水土不服的问题。国内过往研究认为，属于公益与金融跨界合作的一些既有模式在实践中也存在一定的问题，主要在于：一是普惠金融在行政推动下取得了可喜的成绩和进展，但是贷款额度与价格的优惠与风险溢价背离，商业可行性低。二是作为对正规金融无法有效覆盖和满足的信贷需求部分，传统民间金融尽管在缓解金融抑制上作了普惠性的改善，但是始终面临高风险、有效监管难等问题。三是金融科技公司通过在风险管理中引入大数据、云计算等技术手段，有效拓展了金融可及性，促进了普惠的有效实施，但社会公益的公开透明性伦理与数据信息保护的商业竞争伦理的潜在冲突制约了公益与金融科技的跨界合作。

慈善信托在缩小财富鸿沟、推进共同富裕方面具有多重独特优势：一是实现慈善账户的财产安全和风险隔离，更精准高效支持共同富裕各项事业。二是能够实现公益财产来源渠道创新，利用自身作为金融执牌机构在客户资源上的优势，更好撬动社会资本以资金、股权等多种形式参与乡村振兴等共同富裕事业。三是能够提供慈善财产专业化管理与服务，实现保值增值与合规透明运作，切实扩大投入共同富裕各项事业的资金量。四是能够赋予捐赠方更多的参与权和决策权，更好监督慈善财产的管理使用，增强透明度和公信力，提高社会各界对投身公益事业的热情。

2021 年 9 月 3 日，在“数字公益共同富裕”2021 年杭州市“中华慈善日”主题宣传活动暨“钱塘善潮”论坛上，中建投信托、杭州工商信托、浙商金汇信托、万向信托四家信托公司以“慈善信托助力共同富裕示范区建设”为主题，共同签署“发展慈善信托、助力共同富裕”行动倡议。

（三）慈善信托助力推动共同富裕的可行方向

信托公司通过广泛开展合作、大力发展慈善信托业务，有助于推动第三次分配、促进实现共同富裕。在具体展业路径上可作如下探索：

一是设立慈善信托办公室，围绕财富顶层人士和企业开展大额捐赠和保值增值等公益服务，为企业家等财富顶层人士凝聚社会资本、改善企业与社会关系治理提供公益与金融跨界融合式服务。

二是创设收益捐赠型慈善信托，助推社会中间阶层以财富增值部分参与公益。即引导客户将财富委托金融机构理财的增值收益部分参与公益，本金归自己，借力金融滋养和放大善行，同时也有利于相对差距的有效缩小。

— 第二部分 —

专家解读

发挥第三次分配作用、发展慈善事业：慈善信托的独特优势

刘忠祥　中国慈善联合会副会长

蔡概还　中国慈善联合会慈善信托委员会主任

慈善信托亦即公益信托。《中华人民共和国慈善法》第四十四条明确规定："本法所称慈善信托属于公益信托，是指委托人基于慈善目的，依法将其财产委托给受托人，由受托人按照委托人意愿以受托人名义进行管理和处分，开展慈善活动的行为。"

发展现状

慈善法对慈善信托的规制，在一定程度上解决了公益信托难以落地的问题，促进了慈善信托的发展。根据中国慈善联合会慈善信托委员会统计，截至 2021 年 5 月 31 日，全国共备案慈善信托 577 单，财产规模 33.8 亿元。

其中，2016年22单，规模2.65亿元；2017年45单，规模5.88亿元；2018年87单，规模11.58亿元；2019年126单，规模9.18亿元；2020年261单，规模4.06亿元；2021年前5个月36单，规模4529.22万元。

综合分析以上慈善信托，显著的特点是紧紧围绕服务党和国家的中心工作来设立。截至2020年末，以扶贫为主要目的的共269单，财产规模24.5亿元，占比达73.13%。实践中，信托公司利用慈善信托创新出企业带动、收益分红、杠杆撬动、保险保障、教育扶智等扶贫模式，将慈善与金融有机结合起来。

据鲁冠球三农扶志基金官网2021年2月22日消息，经资产评估，以2020年6月末为基准日，鲁冠球三农扶志基金慈善信托全部资产价值达141.79亿元。自2020年2月2日中国信托业协会倡议发起设立的第一单“中国信托业抗击新型肺炎慈善信托”以来，共设立抗疫慈善信托92单，财产规模达1.47亿元，为助力抗击疫情作出了积极贡献。

同时，慈善信托目的也渐呈多元化之势。除扶贫、抗疫以外，慈善信托目的还体现在教育、文化、医疗卫生、养老扶幼、科技创新、环境保护等领域。

如中信信托2019年推出的江平法学教育慈善信托和无虑慈善信托，聚焦法律教育；万向信托设立了2单永续型文化类慈善信托，其中涓流慈善信托用于资助文化传统、科学技术、非物质文化遗产传承保护及其他符合慈善法规定的目的；移投行慈善信托以慈善文化传承与教育研究、家风家道建设等为目的。中医郭博信先生捐资设立“五矿信托—三江源—郭博信中医药慈善信托”，用于中医药学术研究、交流、文化普及与发扬、医药扶贫领域等。

总的来说，这几年来，我国慈善信托依法合规开展，不断创新模式，开拓慈善信托财产来源，助力脱贫攻坚和抗击疫情，服务人民对美好生活的期许。

存在的问题

首先是认识有偏差。对于慈善信托，人们对它的认识不足，存在着偏差。有的把慈善信托视为保值增值的一种手段。在评判慈善信托时，往往更多地关注受托人的专业资产管理能力和信托财产的收益。

事实上，当受托人为信托公司时，由于其具有金融牌照，具有更多管理资产的手段和工具，确实在慈善财产的保值增值方面要比慈善组织更胜一筹。但不能据此认为设立慈善信托的目的是财产保值增值，更不能认为慈善信托是慈善财产保值增值的工具。

慈善信托是通过对慈善信托财产进行管理和处分来开展慈善活动的一种方式，是否对慈善信托财产进行投资管理，以及采用何种管理方式，由慈善信托当事人自主约定。如果慈善信托合同中未对信托财产投资管理作出要求，并不影响慈善信托的设立和存续。

有的则是把慈善信托视为慈善组织的竞争对手。慈善活动的本质是将资源（财产和服务）递送给受益人。考虑到慈善活动的专业性和永续性，资源递送可以通过慈善组织和慈善信托来实现。

所以说，慈善组织和慈善信托均是社会公众开展慈善活动的方式，目的是一致的。二者不是竞争对手，存在着互补关系，更何况慈善组织也可以作为慈善信托的受托人或者与信托公司作为共同受托人。

其次，有关税收优惠政策没有出台。为了鼓励发展慈善信托，慈善法和《慈善信托管理办法》均规定了相应的促进措施，其中最重要的是税收优惠，例如《慈善信托管理办法》第四十四条规定："慈善信托的委托人、受托人和受益人按照国家有关规定享受税收优惠。"

但是，这一规定过于笼统，缺乏可操作性。事实上，关于慈善信托税收优惠的"国家有关规定"目前尚不明确，针对慈善信托所涉及的所得税、增值税、印花税等税收优惠政策仍然有待完善。

再次，财产登记制度仍然欠缺。信托财产独立性的实现除了依赖信托法关于信托财产具有独立性的相关规定（主要是信托财产有别于委托人、受托人、受益人的自有财产等）外，还依赖于信托财产登记，通过书面登记形式把委托人设立慈善信托的财产打上“信托”的烙印，从而对外彰显为具有独立性的“信托财产”。信托财产登记后，才能更好地受到信托法关于独立性规定的保护，更充分享有信托财产资产隔离的制度优越性。

但是，信托财产登记制度尚未建立，以股权、房产等财产设立慈善信托，如何通过登记实现计价、过户，仍不明确。信托财产登记制度的缺失，制约着慈善信托的发展。

最后，是发展后劲不足。慈善法颁布实施之后，慈善信托一度发展势头很猛，进入 2019 年，开始出现乏力的现象，2020 年较为明显。主要表现如下：

一是受托人集中度上升。2020 年慈善信托新增 261 单，光大信托作为受托人就有 85 单；

二是慈善信托的规模明显下降，2020 年新增慈善信托财产规模 4. 06 亿元，较 2019 年的 9. 18 亿元下降了 5. 12 亿元，而单笔慈善信托财产规模，大部分在百万元以下，且没有新设的亿元级的慈善信托，这也是慈善法颁布实施以来，首次出现当年度无新设亿元级慈善信托的情况；

三是慈善信托的受托人主要是信托公司，慈善组织作为受托人的仍然很少。2020 年新增的慈善信托中，受托人仍以信托公司为主，保持以往的受托人结构。2020 年新增 261 单慈善信托中，信托公司担任单一受托人的有 244 单，采用双受托人模式，即信托公司与慈善组织共同担任受托人的有 15 单，慈善组织担任单一受托人的仅有 2 单。

2021 年前 5 个月，新设慈善信托仅 26 单，财产规模不足 5000 万元，发展后劲明显不足。

政策建议

党的十九届四中全会提出，要“重视发挥第三次分配作用，发展慈善等社会公益事业”。《中共中央关于制定国民经济和社会发展第十四个五年规划和二〇三五年远景目标的建议》提出，要“发挥第三次分配作用，发展慈善事业，改善收入和财富分配格局”。对于财富传承，做大蛋糕，同时又分好蛋糕来说，慈善信托具有独特的优势。建议从以下几个方面促进慈善信托的发展。

进一步加大宣传推广力度。加大宣传力度，促进慈善信托文化和理念普及，让慈善信托人人皆可参与的认知根植于民众；同时以科技赋能，提升慈善信托服务的可及性和公众参与的便捷性，让慈善信托真正满足实际需要；以“慈善+”的方式倡导大众参与，连接慈善信托与人们日常生活，达到慈善信托与多领域的广泛融合。

加快出台相关配套制度。一是要制定慈善信托财产登记管理制度，包括股权、房产等信托财产的计价、过户的具体规定；二是明确慈善信托税收优惠政策；三是加快出台《慈善信托信息公开管理办法》。

关于税收优惠。笔者认为，慈善信托主要涉及委托人、受托人和受益人三方主体，其税收问题比照慈善组织的税收优惠政策执行即可。

建立宽严适度的慈善信托备案制度。慈善法将信托法的设立信托的事先审批制改为事后备案制，希冀慈善信托能够得到快速发展。但慈善法关于慈善信托的备案，是形式上的备案还是实质上的审查，理解和执行不一。慈善法关于慈善信托事后备案的规定，不是审批。但是，慈善信托事后备案，也不是不审查，应该根据申请备案的慈善信托是否符合信托法、慈善法、慈善信托管理办法等规定，主要审查三个方面的内容：

一是信托当事人或者范围是否明确；二是慈善信托财产是否明确；三是慈善信托目的及其实现路径是否明确。对于法律法规没有强制要求的，不宜在备案中强加给慈善信托，并因此削弱慈善信托的个性化安排和灵活性。未来，待慈善信托税收优惠具体政策出台后，备案后的慈善信托享受税收优惠，就应接受实质性备案审查。

行业自律也是促进慈善信托发展的重要力量。《中华人民共和国慈善法》第九十六条规定：慈善行业组织应当建立健全行业规范，加强行业自律。《慈善信托管理办法》第五十三条规定：行业组织应当加强行业自律，反映行业诉求，推动行业交流，提高慈善信托公信力，促进慈善信托事业发展。

2016 年 11 月，由慈善组织、金融机构和专业工作者倡议发起、共同参与的中国慈善联合会慈善信托委员会正式成立，旨在加强行业规范建设，完善慈善信托行业标准，推动行业自律。

今后，中国慈善联合会慈善信托委员会应进一步促进慈善信托应用与普及，为社会力量参与慈善事业提供更畅通的途径，推动我国慈善事业持续健康有序发展。

发展慈善信托 助力共同富裕

蔡概还 中国慈善联合会慈善信托委员会主任

共同富裕是中国特色社会主义的根本原则。中央财经委员会第十次会议指出："要坚持以人民为中心的发展思想，在高质量发展中促进共同富裕，正确处理效率和公平的关系，构建初次分配、再分配、三次分配协调配套的基础性制度安排。""十四五"规划提出，要"发挥第三次分配作用，发展慈善事业，改善收入和财富分配格局"，明确了以第三次分配为收入分配制度体系的重要组成，确立了慈善事业在社会经济发展和共同富裕中的重要地位。而慈善信托作为与慈善捐赠并行的慈善途径和方式，将是助力共同富裕的一个重要工具。

目前我国慈善信托的发展现状以及呈现的新特点和新模式

自 2016 年 9 月我国慈善法颁布实施以来，我国慈善信托得到了一定发展。根据中国慈善联合会慈善信托委员会统计，截至2021年9月30日，我国慈善信托备案单数达654单，总规模为35.04亿元。

目前我国慈善信托的发展，具有以下鲜明特点：

一是积极助力脱贫攻坚。扶贫慈善信托表现抢眼，这几年来，以脱贫攻坚为主要慈善目的的慈善信托共设立269单，财产规模24.5亿元，占比达73.13%，扶贫济困成为慈善信托设立的主要目的之一。实践中，信托公司利用慈善信托创新出了企业带动、收益分红、杠杆撬动、保险保障、教育扶智等扶贫模式。

二是积极助力抗击疫情。面对突如其来的新冠肺炎疫情，慈善信托积极行动。自2020年2月中国信托业协会倡议发起设立的第一单“中国信托业抗击新型肺炎慈善信托”落地以来，我国共设立抗疫慈善信托92单，总规模1.47亿元，积极助力抗击疫情。在抗击疫情期间，抗疫慈善信托的设立得到了监管部门、委托人、受托人的大力支持，总体突出慈善信托目的明确、定向满足委托人慈善需求、点对点为受益人服务三大特征。

三是慈善信托目的精准多元化。除扶贫、抗疫以外，慈善信托在教育、科技创新、文化保护等领域体现出慈善目的精准专业的特征。例如，中信信托2019年推出“江平法学教育慈善信托”和“无虑慈善信托”，聚焦法律教育。万向信托设立了2单永续型文化类慈善信托：“涓流慈善信托”用于资助文化传统、科学技术、非物质文化遗产传承保护及其他符合慈善法规定的目的。

“移投行慈善信托”以慈善文化传承与教育研究、家风家道建设等为目的。中医郭博信先生捐资设立“五矿信托—三江源—郭博信中医药慈善信托”，用于中医药学术研究、交流、文化普及与发扬、医药扶贫等领域，是我国首例中医药慈善信托。

总体来说，这几年来，我国慈善信托依法合规开展，不断创新模式，开拓慈善信托财产来源，助力脱贫攻坚，服务人民美好生活。

慈善信托在促进共同富裕中能发挥的重要作用

首先，慈善信托是社会公众参与公益事业的一种途径和方式，是我国慈善事业的重要组成部分。2016 年，我国出台慈善法专章规定了慈善信托。但直至当前，仍有人把慈善信托等同于慈善捐赠，认为慈善信托是慈善组织的竞争对手、慈善信托是保值增值的工具，甚至认为慈善信托是金融产品等，这些都是对慈善信托的误解和偏见。准确地说，慈善信托是人们参与公益事业的一种途径和方式，其核心要义是慈善信托财产的本金和收益要全部用于公益事业。根据《中华人民共和国信托法》第六十三条规定，公益信托的信托财产及其收益，不得用于非公益目的。这意味着，委托人将自己合法所有的财产设立慈善信托，就不能再将该财产拿回来，而必须全部用于开展《中华人民共和国慈善法》第三条所规定的慈善活动。

其次，发展股权慈善信托，能够实现民营企业控制权、经营权和收益权的有效分离，是助力共同富裕的重要途径。根据现有法律规定，设立慈善信托的财产，既可以是资金形态，也可以是股权、不动产等非资金形态。统计数据显示，截至2019年底，我国居民总资产574.96万亿元，其中股票及股权资产170.21万亿元，占居民总资产的比重达29.60%，是仅次于住房资产的第二大居民资产类型。股权作为中国高净值客户的一大财富载体，在居民财富结构中将占据越来越重要的地位。未来，我国社会财富的形态将以企业股权为主，包括上市公司股权和非上市公司股权。如何让股权参与第三次分配，既不影响经济的高质量发展，又有利于促进共同富裕？这是一个全新的课题，目前慈善信托委员会正在组织这方面的课题研究。

如何在经济高质量发展的前提下，让企业家以股权类财产参与公益事业？我认为股权慈善信托是一种重要的途径。股权慈善信托是指委托人基于慈善目的，依法将其拥有的企业股权委托给受托人，由受托人按照委托人意愿以受托人名义进行管理和处分，开展慈善活动的行为。股权慈善信托设立后，股权作为初始信托财产，其财产属性由私人财产转变为社会公共财产。根据现有法律法规的规定，作为慈善信托财产的股权可以不动用，不影响企业家对民营企业的继续经营和实际控制。也就是说，公司的控制权仍然可以掌握在慈善信托的委托人或者其继承人手中，可以通过合理的机制设计将企业的经营管理传承下去。同时股权慈善信托的公益特质能够激励家族企业继续创造财富，有效避免下一代创富动机的枯竭，防止家族企业衰败或者衰亡。可以说，股权慈善信托承载着家族的精神与希望，进而成为国家和社会进步的动力。在此基础上，股权慈善信托用每年产生的股权分红来开展公益事业，并由此让企业获得更多的税收优惠和政策扶持。这也正是境外诸多家族和富人采用的企业公益模式。

同时，慈善信托的期限没有限制，理论上可以永久存续。因此股权慈善信托不是一锤子买卖，它有利于民营企业长期稳定地经营管理，使其作为一个活水源头，发挥先富帮后富的作用，积极参与和兴办社会公益事业。

笔者认为，慈善信托与家族信托相结合，一方面可以满足家族成员的生活需要；另一方面还可以满足更多的人对美好生活的向往，充分发挥慈善事业第三次分配作用。

今后，慈善信托还可以进一步创新发展，与家族信托相结合，开展公益余额信托、慈善先行信托、利益分成信托等新类型，让家族成员享有小部分信托利益，大部分信托利益用于公益目的。其中，用于公益慈善部分可享有税收优惠，没有用于公益慈善的部分不享有税收优惠。

总之，近年来慈善信托在助力脱贫攻坚、抗击疫情等方面发挥了积极作用。未来，慈善信托特别是股权慈善信托，将在实现共同富裕中进一步发挥重要作用，成为助力共同富裕的重要工具。

当前慈善信托发展存在的问题

首先，发展后劲不足。我国设立第一单慈善信托之时，大家普遍抱有乐观态度，认为慈善信托作为一种社会公众参与公益事业的新途径和方式，会得到较快发展，实际上并没有达到这一预期。特别是 2020 年以来，慈善信托发展呈现增长乏力的现象，2021 年 1—9 月新备案 109 单，备案规模 1.48 亿元，无论是新增单数还是新增规模，都不及往年。

其次，未出台慈善信托专门的税收配套政策。慈善信托在税务方面面临的各种问题，极大地降低了委托人设立慈善信托的意愿和积极性。《中华人民共和国信托法》第六十一条明确了“国家鼓励发展公益信托”。《慈善信托管理办法》第四条规定：“国家鼓励发展慈善信托，支持自然人、法人和其他组织践行社会主义核心价值观，弘扬中华民族传统美德，依法开展慈善活动。”这再次重申了国家鼓励慈善信托发展的基本立场。为鼓励慈善信托发展，慈善法和《慈善信托管理办法》均提出了相应的促进措施，其中最重要的就是税收优惠，例如《慈善信托管理办法》第四十四条规定：“慈善信托的委托人、受托人和受益人按照国家有关规定享受税收优惠。”但是，这一规定过于笼统，不够具体，实践中缺乏可操作性。

此外，信托财产登记制度仍然欠缺。慈善信托的资产隔离依赖于信托财产的独立性，信托财产独立性的实现除了依赖信托法关于信托财产具有独立性的相关规定（主要是信托财产有别于委托人、受托人、受益人的自有财产等）外，就是依赖于信托财产登记，通过书面登记把委托人设立慈善信托的财产打上“信托”的烙印，并对外彰显为具有独立性的“信托财产”。信托财产登记后，才能更好地受到信托法关于独立性规定的保护，更充分地享有信托财产资产隔离的制度优越性。目前我国还未建立信托财产登记制度，以股权、房产等财产虽然可以设立慈善信托，但会有一些法律上的瑕疵。怎样把非现金资产装入慈善信托，是目前发展慈善信托的一大阻碍，国内信托财产登记制度的缺失，对慈善信托甚至是整个信托业都产生了明显制约。

为推动慈善信托事业更好发展的一些建议

2016 年出台的慈善法中专章规定慈善信托，是为了增加人们参与公益事业的途径和方式，让人们做慈善时有更多选项，满足人们的公益需求，更好地服务人民的美好生活。建议今后进一步破除各种障碍，大力发展慈善信托。

首先，进一步加大宣传推广力度。进一步理解慈善信托与慈善捐赠的互补关系，两者都是社会各界参与慈善事业的载体。2016 年通过的慈善法给人们提供了一种新的途径，即以慈善信托这一全新的公益方式，满足人们不同的公益载体需求。这意味着，人们在参与公益活动时，既可以选择慈善捐赠，也可以选择慈善信托。同时，加大培训力度，让更多的机构和个人了解慈善信托。目前，慈善信托委员会已与万向信托联合成立慈善信托研究基地，与光大信托成立慈善信托创新实践基地，与百瑞信托成立了慈善信托推广示范基地。

其次，建议加快出台相关配套制度。具体包括：建议制定慈善信托财产登记的管理办法；制定信托财产的过户制度；明确慈善信托的税收优惠政策。另外，目前慈善法正在进行修订，建议总结这几年慈善信托的实践经验，进一步使相关规定合理化，加强法律的可操作性。笔者认为，慈善信托主要涉及委托人、受托人和受益人三方主体，其税收问题看似复杂，但可以简单处理，因为我国法律规定慈善信托的本金和收益不能用于非公益目的，从实现慈善目的的实质来看，慈善信托与慈善捐赠本质上是一样的，因此对慈善信托的税收优惠政策，比照慈善捐赠执行即可。

再次，建议慈善信托备案宽紧适度。慈善信托备案尺度如何把握，主要看申请备案的慈善信托是否符合我国信托法、慈善法、《慈善信托管理办法》等法律法规的规定，主要审查三个方面的内容：信托当事人或者范围是否明确；慈善信托财产是否明确；慈善信托目的及其实现路径是否明确。对于法律法规没有强制要求的地方，不宜在备案中强加给慈善信托，并因此削弱慈善信托的个性化安排和灵活性。未来，假设慈善信托税收优惠政策出台后，备案后的慈善信托可享受税收优惠。在此情形下，建议对慈善信托实施实质性备案审查，条件允许时可借鉴英国由慈善委员会统一注册的做法，提高备案的效率和专业度。目前，在慈善信托相关税收优惠还没有出台的前提下，建议慈善信托的备案宽紧适度，以促进发展作为备案的宗旨和目的。

最后，加强慈善信托的行业自律。《中华人民共和国慈善法》第九十六条规定：慈善行业组织应当建立健全行业规范，加强行业自律。《慈善信托管理办法》第五十三条规定：行业组织应当加强行业自律，反映行业诉求，推动行业交流，提高慈善信托公信力，促进慈善信托事业发展。2016 年 11 月，由慈善组织、金融机构和专业工作者倡议发起、共同参与的中国慈善联合会慈善信托委员会正式成立，旨在加强行业规范建设，完善慈善信托行业标准，推动行业自律。

今后，慈善信托委员会将进一步促进慈善信托应用与普及，为社会力量参与慈善事业提供更畅通的途径，推动我国慈善事业持续健康有序发展。

股权慈善信托
是助力共同富裕的重要途径

蔡概还　中国慈善联合会慈善信托委员会主任

慈善信托是社会公众参与公益事业的一种途径和方式，发展股权慈善信托，能够实现民营企业控制权、经营权和收益权的有效分离，是助力共同富裕的重要途径。

将慈善信托理解为金融产品是一种误解和偏见

2016 年，我国出台慈善法专章规定了慈善信托，但直至当前，仍有人将慈善信托等同于慈善捐赠，认为慈善信托是慈善组织的竞争对手、是保值增值的工具，甚至认为慈善信托是金融产品等，这些都是对慈善信托的误解和偏见。准确地说，慈善信托是人们参与公益事业的一种途径和方式，其核心要义是慈善信托财产的本金和收益要全部用于公益事业。

根据《中华人民共和国信托法》第六十三条规定，公益信托的信托财产及其收益，不得用于非公益目的。这意味着，委托人将自己合法所有的财产设立慈善信托，就不能再将该财产拿回来，而必须全部用于开展《中华人民共和国慈善法》第三条所规定的慈善活动。

5 年来，慈善信托从零开始，目前已经初具规模。根据中国慈善联合会慈善信托委员会统计，截至 2021 年 8 月 31 日，我国慈善信托备案单数达 633 单，备案财产规模为 34. 87 亿元。其中，2021 年新增 87 单，规模 1. 31 亿元。

股权慈善信托能够实现民营企业控制权、经营权和收益权的有效分离

根据现有法律规定，设立慈善信托的财产，既可以是资金形态，也可以是股权、不动产等非资金形态。有关统计数据显示，截至 2019 年底我国居民总资产 574. 96 万亿元，其中股票及股权资产 170. 21 万亿元，占居民总资产的比重达 29. 60%，是仅次于住房资产的第二大居民资产类型。股权作为中国高净值客户的一大财富载体，在居民财富结构中将占据越来越重要的地位。

未来，我国社会财富的形态将以企业股权为主，包括上市公司股权和非上市公司股权。如何让股权参与第三次分配，既不影响经济的高质量发展，又有利于促进共同富裕？这是一个全新的课题，目前中国慈善联合会慈善信托委员会正在组织这方面的课题研究。

“我们做一个假设，假如让民营企业家把股权捐出来，民营企业就会脱离民营企业家的有效管理与代际传承，就可能伤及民营经济的根本，进而让我国经济失去发展的动力和源泉。如何在经济高质量发展的前提下，让企业家以股权类财产参与公益事业？我认为股权慈善信托是一种重要的途径。”

股权慈善信托是指委托人基于慈善目的，依法将其拥有的企业股权委托给受托人，由受托人按照委托人意愿以受托人名义进行管理和处分，开展慈善活动的行为。

股权慈善信托设立后，股权作为初始信托财产，其财产属性由私人财产转变为社会公共财产。根据现有法律法规的规定，作为慈善信托财产的股权可以不动用，不影响企业家对民营企业的继续经营和实际控制。

也就是说，公司的控制权仍然可以掌握在慈善信托的委托人或者其继承人手中，可以通过合理的机制设计将企业的经营管理传承下去。同时股权慈善信托的公益特质能够激励家族企业继续创造财富。在此基础上，股权慈善信托用每年产生的股权分红来开展公益事业，并由此让企业获得更多的税收优惠和政策扶持。同时，慈善信托的期限没有限制，理论上可以永久存续，因此股权慈善信托不是一锤子买卖，它有利于民营企业的长期稳定的经营管理，使其作为一个活水源头，发挥先富帮后富的作用，积极参与和兴办社会公益事业。

除上述方式外，慈善信托还可以进一步创新发展，与家族信托相结合，开展公益余额信托、慈善先行信托、利益分成信托等新类型，让家族成员享有小部分信托利益，大部分信托利益用于公益目的。其中，用于公益慈善的部分可享有税收优惠，没有用于公益慈善的部分不享有税收优惠。

慈善信托助推"共同富裕"新时代

赵长利　国家电投集团资本控股有限公司总经理、党委副书记
孙新宝　国家电投百瑞信托有限责任公司研究发展中心高级研究员

慈善信托可以充分发挥其为社会公益事业服务的职能，提高三次分配效率，助力推进全体人民共同富裕。

党的十九届五中全会对"扎实推进共同富裕"作出重大战略部署："十四五"时期，全体人民共同富裕迈出坚实步伐。2021年6月10日，中共中央、国务院《关于支持浙江高质量发展建设共同富裕示范区的意见》发布。从顶层谋划到国家战略落地，我国从全面小康迈向共同富裕的议程和实践正式展开。慈善信托作为一种将慈善行为和信托制度融合创新的业务模式，可以凭借其独特的制度优势，充分发挥其为社会公益事业服务的职能，推动我国共同富裕的进程。

慈善信托在三次分配中的作用

实现共同富裕是社会主义的本质要求，三次分配是调节收入分配、实现共同富裕的有效路径。2021 年 8 月 17 日，中央财经委员会第十次会议召开，研究扎实促进共同富裕问题，提出在高质量发展中促进共同富裕，要正确处理效率和公平的关系，构建初次分配、再分配、第三次分配协调配套的基础性制度安排。中央财经委员会会议提到“三次分配”，引起社会的广泛关注。

“三次分配”最早是由经济学家厉以宁提出的。1992 年，他在《论共同富裕的经济发展道路》一文中首提“影响收入分配的三种力量”；在其 1994 年出版的《股份制与现代市场经济》一书中又作了进一步阐释：通过市场实现的收入分配，为“第一次分配”；通过政府调节而进行的分配，为“第二次分配”；个人出于自愿，在习惯与道德的影响下把可支配收入的一部分或大部分捐赠出去，为“第三次分配”。

由此可见，第三次分配具有天然的“慈善”属性。推动三次分配发展壮大，关键是构建三次分配的基础性制度安排。慈善信托作为一种将慈善行为和信托制度融合创新的业务模式，可以在三次分配中发挥重要作用。

慈善信托的起源与优势

信托制度起源于慈善。当今世界各国的信托制度均继受于英国的信托法或由英国法制演变而来的美国信托法。英美国家的慈善文化最初来自宗教教义。基督教徒往往留下遗嘱，把生前的私有土地死后赠予教会。因为不能对教会征税，直接影响了封建君主的收益。12 世纪，英王亨利三世颁布了限制此类捐赠的没收法，教徒则以各种方式加以规避，其中最为流行的就是 USE 制度（用益制度），即教徒在生前立下遗嘱，把土地赠予第三人所有，并在遗嘱中明确土地赠予第三人的目的是保障教会对土地有“用益权”。USE 制度事实上成为一种慈善遗赠的手段，这便是公益信托最早的雏形。之后，USE 制度不仅流行于教徒向教会捐赠土地，农民也利用这个办法规避封建赋税，信托制度开始逐步应用于各种私益目的。

我国慈善思想亦古已有之。先秦时期已有萌芽，《礼记·礼运》就为人们描述了一个“故人不独亲其亲，不独子其子。使老有所终，壮有所用，幼有所长，鳏寡孤独废疾者，皆有所养”的大同世界。但是，我国的慈善事业一直没有形成完备的制度体系，直到 2016 年慈善法和 2017 年《慈善信托管理办法》相继颁布，才为慈善信托奠定了基本法律框架，也为我国的慈善事业翻开了新的篇章。

相比直接捐赠、设立慈善基金会等方式，慈善信托具有以下四大优势。

一是民政部门与银保监部门双重监管，合法合规。慈善信托设立前逐笔向银保监局报备，设立后在当地民政部门备案，受到双重监管，还需每年定期向民政部门上报慈善信托事务处理情况及财务状况。

二是进行保值增值投资，实现捐赠资金效益的最大化。慈善信托账户内的慈善资金未捐赠时，信托公司可以进行相对安全的投资运作，筹集更多善款。相比于慈善组织，信托公司的投资范围广，更具灵活性，且不需要缴纳所得税。

三是信托专户管理捐赠资金，安全且操作方便。信托公司作为受托人，在商业银行开设信托专户，用于保管委托人（捐赠人）交付的慈善资金，确保资金安全，且操作上随时可以进行慈善捐赠活动。

四是信托合同设计灵活，可更好地实现委托人的意愿。慈善信托合同条款设置灵活，可约定每年捐赠比例，与公募基金相比，不受每年捐赠不低于收入 70%的限制。在促进共同富裕的过程中，信托凭借其独特的制度优势，可以充分发挥其为社会公益事业服务的职能，提高三次分配效率，推动我国共同富裕的进程。

我国慈善信托发展情况

2016 年 9 月颁布的慈善法，推动我国慈善事业进入了全面法治化时代。慈善信托遂迅速成为我国慈善事业进行资产管理的重要方式，并得到快速发展，备案数量和备案规模均呈快速增长。根据中国慈善联合会慈善信托委员会的统计，截至 2021 年 8 月 31 日，我国慈善信托备案单数达 633 单，备案财产规模为 34.87 亿元。

就我国慈善信托整体发展情况来看，主要呈现以下特点：

一是慈善信托主体日益多元。委托人方面，越来越多的企业家、名人、普通公众参与慈善信托。受托人方面，根据中国慈善联合会慈善信托委员会的统计，截至 2021 年 8 月 31 日，已有 88 家机构担任慈善信托的受托人，其中包括信托公司 60 家，慈善组织 28 家。2021 年新增受托人有 4 家信托公司和 2 家慈善组织，受托人队伍持续扩大。此外，银行开始进一步布局慈善信托托管业务。根据中国慈善联合会发布的《2020 年中国慈善信托发展报告》的统计，截至 2020 年年底，共有 31 家银行成为慈善信托的托管人，包含 6 家大型国有控股商业银行、9 家全国股份制商业银行、13 家城市商业银行和 3 家农村商业银行。

二是慈善信托方式持续创新。在主体上，慈善信托通过与其他慈善组织合作，实现优势互补。慈善组织在慈善项目运营管理、受益人筛选等方面具有丰富经验，慈善资源与信托制度有效对接能释放更大的能量，两者在合作中探索出了更多的创新合作模式，包括慈善组织担任项目管理人、委托人，以及以信托公司担任委托人等。在业务上，慈善信托与其他信托业务相互赋能。

比如慈善信托与家族信托有着天然的内在关联性，二者信托架构均具有事务管理属性，衔接孵化出的家族慈善信托业务，有助于高净值客户实现财富和社会责任精神的双重传承。

三是慈善信托目的更加丰富。据中国慈善联合会慈善信托委员会统计，在已成立的慈善信托中，扶贫济困、改善民生为目的的慈善信托占据较大比例，在缩小收入差距方面作出了积极贡献。此外，慈善信托还在教育、科技创新、文化保护、社会突发事件等领域体现出精准与专业性。2020 年新冠肺炎疫情暴发后，由中国信托业协会倡议设立、国通信托作为受托人的“中国信托业抗击新型肺炎慈善信托”，得到行业的积极响应，共 61 家信托公司出资委托。此外，多家信托公司还单独设立了以抗击新冠肺炎为目的的慈善信托，数量达到 92 单，财产规模为 1.48 亿元。慈善信托目的已覆盖社会的方方面面，有望成为实现共同富裕的重要路径。

慈善信托发展任重道远

目前慈善信托发展中仍存在一些问题。2016 年慈善法颁布后，慈善信托曾一度迎来迅猛发展。然而，2019 年以来，整体发展势头有所放缓。究其原因，除我国慈善信托起步较晚外，还存在以下问题：一是从信托公司角度看，信托公司虽然在金融领域具有突出的专业优势，但在慈善领域则专业性不足，缺少专门的人才进行慈善项目的设计和运营，往往要借助外部力量共同开展慈善活动。二是从保障制度看，慈善法和《慈善信托管理办法》均提出了税收优惠的促进措施，但目前尚无配套的税收政策出台，信托公司不具备向捐赠人开具捐赠票据的资格，委托人进行捐赠后无法享受税收优惠。受制于相关的配套政策不健全，非现金资产的慈善信托也遇到较大障碍，如我国股权慈善信托就受到非货币信托财产非交易过户政策缺失和税收优惠政策不完善的掣肘。三是从外部环境看，公众对慈善的认识还不足，仍有人把慈善信托等同于慈善捐赠，认为慈善信托是金融产品、保值增值的工具，这些都是对慈善信托的误解和偏见。

未来慈善信托将在实践中逐步完善，积极助推共同富裕。在转型压力和市场机遇并存的新时期，我国信托行业正在重新定位自身的目标，以充分发挥自身的制度优势，抓住转型中的重大机遇，助力推进全体人民共同富裕。重点是要充分发挥信托的制度优势，灵活业务模式，与民政部门、慈善组织等充分沟通，在共识的基础上进行合作；对外则需要通过各种途径，利用各种平台积极宣传慈善信托理念，消除误解和偏见，增强大众对慈善信托的认知和理解。在保障制度的完善方面，需要民政部门和银保监部门相互协调，统一监管口径。监管部门还需与国家税务总局协商，落实慈善信托的税收优惠，推动信托财产登记制度的建立，使不动产、股权等非现金资产也成为信托财产来源，扩大信托财产的接收范围。相信慈善信托会在实践中逐步发展壮大，为共同富裕贡献更多的信托力量。

随着相关制度的完善，社会公众对慈善信托的认知越来越清晰，会有越来越多的高净值人群、企业机构，甚至普通民众设立慈善信托，体验慈善价值。作为我国金融业四大支柱之一的信托，也将进一步发挥自身专业优势，充分利用慈善信托这一金融工具，帮助更多的高净值客户搭建专业化慈善公益路径，满足客户的慈善公益需求，努力为共同富裕作出更大贡献。

信托开创公益金融
促进共同富裕新模式

乔方亮　南开大学金融学博士
罗凯　北京大学产业经济学博士

美国经济学家库兹涅茨在 20 世纪 50 年代研究了 18 个国家经济增长与收入差距的数据，发现收入分配会随着经济发展“先恶化，后改善”，这就是著名的库兹涅茨倒 U 形曲线，并获得诺贝尔奖。这条曲线说明，随着经济发展，收入差距会自然而然先扩大再缩小。但后来的研究者按其设计理念将曲线一直画到 21 世纪的今天，惊奇地发现库兹涅茨的那条倒 U 形曲线画颠倒了，现实是一条 U 形曲线。其中的核心原因在于，收入差距的扩大带来财富的积累和财富差距的形成，财富不平等随着时间的推移和金融的加速器作用，犹如“滚雪球”一般不断放大级数，最终形成难以跨越的财富鸿沟。当财富差距扩大到一定程度时，大家发现个人奋斗变得不值一提，社会就会陷入一种既没有公平、又没有效率的困境，极易诱发严重冲突与社会动荡，这也是美国“占领华尔街”等一系列社会冲突的根源。

当前，我们已经进入了很难改变财富差距的历史阶段。未来全球经济遇到的真正重要的问题不仅是怎么实现经济增长，更要考虑怎么解决财富差距过大的问题。这也是中央提出重视第三次分配和共同富裕问题的时代背景。面对不同阶层财富逐步拉大差距，政府应当如何恰当干预，既能调节收入分配，又避免损害经济增长呢？也许可以从财富差距扩大的助推器——金融方面找出一些解决办法。

共同富裕必须缩小财富鸿沟

收入差距持续扩大终将演变为无法逾越的财富鸿沟。根据保罗·萨缪尔森《经济学》定义，收入是指一定时期内的工资、利息、股息和其他有价物品的流入，其中工资属于劳动收入，而利息、股息等属于财产性收入。从全球统计数据来看，尽管收入水平整体上升，但财富不平等现象却随着时间的推移和金融的加速器作用，犹如“滚雪球”一样不断放大级数，形成很难跨越的财富鸿沟。

以美国为例，根据法国学者托马斯·皮凯蒂的统计，2018 年美国最富有的 1% 人口获得了全国收入总量的 20%，最富有的

10%人口占有全国收入的47%，而最不富裕的50%人口的收入仅约占总量的13%。皮凯蒂认为，极富阶层的大部分收入并非来源于他们的劳动收入，他们中不少人甚至没有工资，而是来自他们已有财产的增值，即巨额财富带来的丰厚的财产性收入。其结果就是财富差距的进一步扩大。根据2019年10月瑞信银行研究院的数据，2000—2019年，北美地区最富有的10%人口财富总量占比从不足70%上升到75%。值得警惕的是，收入差距和财富差距的叠加，造成财富加速向极富阶层集中。

财富鸿沟不仅损害公平而且损害效率，诱发阶层冲突。根据皮凯蒂在《21世纪资本论》中的经济史统计研究发现，在过去几百年中的大部分时期，资本的回报率要高于经济增长的速度，靠钱挣钱总是比靠劳动挣钱要快。这意味着存在一个拐点：当财富差距扩大到在阶级间裂开的一条难以逾越的财富鸿沟的程度，大家发现个人奋斗变得不值一提时，社会就会陷入一种既没有公平、又没有效率的困境，可能诱发法国历史学家托克维克在《旧制度与大革命》中提到的那样恶性循环不止的严重冲突与社会动荡和混乱。

财富鸿沟已成为全球挑战。为有效应对，中央正式出台文件论及第三次分配和共同富裕。根据瑞士信贷《2021年全球财富报告》，从全球来看，在新冠肺炎疫情打击下，2020年多国GDP增速为负值、失业率和物价高企，但没有妨碍全球新增521.1万个百万富翁（以美元计算）。2020年全球贫富差距继续上升，全球最富有的10%的人群财富占比上升0.9个百分点，全球最富有的1%的人群财富占比上升1.1个百分点。到2020年末，全球最富有的10%的人群拥有全球82%的财富，其中，最富有的1%的人群就拥有近一半（45%），而处于全球财富最底层的50%的人群拥有财富占比不足1%。这也就不难理解美国民众占领华尔街而非别的地方以及问题被掩盖、忽视后各国纷纷爆发针对议会等公权力机关的暴乱的缘由了。

有别于西方，2017年10月前后我国社会主要矛盾的表述发生变化，从中可以看出，中央在贫富差距问题上的判断出现了重大转折，“不平衡不充分的发展”已超越“落后的社会生产力”成为“人民向往和追求美好生活”的首要奋斗对象。收入差距、财富鸿沟作为其主要表征，促使中央以美为鉴、为有效应对可能给我国社会公平和效率带来的挑战，正式出台了以重视三次分配、促进共同富裕为主要内容的系列文件，并将其确立为社会主义基本经济制度。

公益金融、财富鸿沟和共同富裕：理想与现实

金融一直在被动为财富鸿沟“打工”。金融是现代经济的核心，因为有金融的市场化服务的参与，私人财富“如虎添翼”，加速了财富鸿沟的形成和固化。最终，要缩小财富鸿沟同样离不开金融的参与。

公益的未来系于公益金融，公益金融的未来系于商业逻辑纳入社会资本。金融机构在推动经济高质量发展、促进共同富裕的过程中承担着多方面的任务。作为“公益”与“金融”的跨界融合，公益金融把金融的手段、商业的方法引入公益事业，让金融也来为公益“打工”。大力实践发展公益金融，发挥好“公益+金融”的效用，有利于引导财富向上向善，主动服务三次分配、有效助力共同富裕。

迈克尔·波特《创造共享价值》中的观点认为，企业未来创造财富和价值的商业逻辑将从初级阶段——追求巨大经济价值的时候客观上实现部分社会功能上升至高级阶段——在重视资本积累以应对社会挑战满足社会需求的过程中创造出巨大经济价值。社会需求对商业过程的嵌入是不以企业自身意志为转移的，其中也包括金融机构；及早处理好社会资本与商业逻辑的互动关系，才能在未来立于不败之地。

国内外旧有公益金融模式在我国实践中遭遇尴尬。过去数十年间，监管部门和金融机构围绕减贫、助农、支持中小企业成长等实质属于缩小收入差距、促进共同富裕范畴的目标开展了一系列公益金融模式研究与实践探索，但模式中商业逻辑的普遍缺失导致业务内生成长性和持续性不强。国外公益金融模式，比较著名的如“格莱珉中国”“国际小母牛组织中国项目”，在中国主要面临的是水土不服的问题。

虽然对于鼓励金融机构开展社会性、公益性强的特色业务，市场、政府和社会各方的共识早已达成，但对于公益金融的内涵外延一直尚未厘清，连带其业态及监管也始终难以成型。目前，国内被认为和公益金融有关的模式与实践存在的问题主要归结为三点：一是体制内的普惠金融“行政命令性”特点鲜明，贷款利率低，与风险溢价背离，商业可行性低。二是深受市场上资金供需双方“错爱”的 P2P 等传统民间金融难以有效监管、极易异化为庞氏骗局和高利贷进而集聚成系统性风险，带来一系列后续问题和社会危害。三是蚂蚁微贷、京东白条和腾讯微粒贷异军突起，掀起场景和信用为中心的数据治理新范式并纷纷涉足互联网公益金融领域，但数据透明共享的社会公益伦理与隐私保护的商业竞争伦理成为其内在两难抉择。总之，国内公益金融面临商业逻辑失灵且不具备可持续内生发展活力等问题。

公益金融转型发展新尝试：慈善信托。信托的参与为公益金融转型发展注入新动力。2016 年 9 月慈善法的颁布实施是公益金融转型发展之路上的历史性标志。尽管还面临捐赠票据开具与税收优惠、财产登记和信托税收等配套制度设计方面的缺憾，但作为公益金融的新工具新方式，信托（主要是慈善信托）在缩小财富鸿沟、推进共同富裕方面展现出多重独特优势：一是实现慈善账户的财产安全和风险隔离，更精准高效支持共同富裕各项事业。二是能够实现公益财产来源渠道创新，利用自身作为金融执牌机构在客户资源上的优势，更好撬动社会资本以资金、股权等多种形式参与乡村振兴等共同富裕事业。三是能够提供慈善财产专业化管理与服务，实现保值增值与合规透明运作，切实扩大投入共同富裕各项事业的资金量。四是能够赋予捐赠方更多参与权和决策权，更好监督慈善财产的管理使用，增强透明度和公信力，提高社会各界对投身公益事业的热情。

信托开展公益金融促进共同富裕的路径：实践与探索

一是设立慈善信托办公室，围绕财富顶层人士和企业开展大额捐赠和保值增值等公益服务。如前所述，客观上，社会主要矛盾发生划时代变化，两极分化上升为全球挑战；主观上，企业家对商业逻辑和社会资本关系的认识不断深入。通过在共同富裕的客观形势和主观意愿间“搭桥铺路”，信托可为企业家等财富顶层人士凝聚社会资本提供升级的公益金融服务。以光大信托为例，公司设立了慈善信托办公室，充分发挥信托制度优势，为财富顶层人士、企业和社会组织大额捐赠提供服务，回应他们对劫富济贫、“李兆会”式悲剧和美国仇富暴乱会不会在中国重演等担心，为他们破解难题痛点，排除风险隐患。

比尔及梅琳达·盖茨基金会、巴菲特基金会等都是国外大额捐赠的成功实践，这两家基金会都有上下两层结构，下层是基金会，负责在全球范围内开展改善健康状况、消除极端贫困等公益；上层是慈善信托，负责管理投资资产、获得收益来支持基金会的发展。而诺贝尔奖更是“全球最成功”的保值增值型慈善信托，经过一百多年的保值增值，总资产从创立之初的3100万瑞典克朗增加至目前的超过42亿瑞典克朗，为全球基础科学研究提供源源不断的奖金支持。

国内企业或个人大额捐赠的成功实践包括：万向三农集团通过将6亿元原始股权（目前市值超过100亿元）无偿授予慈善信托，设立了国内规模最大的“鲁冠球三农扶志基金慈善信托”，永久存续用于农村发展、农业现代化和农民富裕，首创国内股权慈善信托新模式；广东省和的慈善基金会仿照盖茨等基金会模式，与中信信托合作创设了“中信·何享健慈善基金会2017顺德社区慈善信托”。

二是创设收益捐赠型慈善信托，助推社会中间阶层以财富增值部分参与公益。研究表明，社会中间层人数众多，虽不具备捐赠财富存量的实力和意愿，但志愿参与公益的热情最高，对公益透明度要求高，对社会公益慈善文化的培育能够发挥很好的示范带动作用。

金融机构在市场调研基础上，创新开发了模式多样的收益捐赠型慈善信托，其产品结构核心是：中产阶层客户将财富委托金融机构打理，增值收益部分归公益，本金归自己。这类产品最大的特点在于用金融滋养放大善行，助力中产阶层人士在尚难缩小绝对差距之前，先捐出财富增量参与第三次分配、有效缩小相对差距，长期来看对促进共同富裕意义重大。

先来看国外中产增值型慈善信托基金的成功实践。20 世纪 90 年代，富达投资集团等金融机构面向中产阶层开展捐赠人建议基金（DAF）管理业务，并迅速发展成为美国慈善领域最大最成功的项目，富达慈善基金会连续多年成为公众捐款最多的慈善机构。通过专注保值增值并开放公益板块，让捐赠人从旁观的评论者成为核心的公益决策参与者，克服因捐赠人知情监督水平低、实施效果评价差而广受诟病进而制约公益发展的问题。捐赠人建议基金与收益捐赠型慈善信托的原理大体类似，不同点主要在于前者本金不收回，但是本金门槛低；后者虽然捐赠人捐息不捐本，但本金门槛高、客群方差小，捐赠体量同样可观。

国内以光大信托为例，创新推出了系列收益捐赠型慈善信托："阳光益投"系列首单"光信善·逸云 1 号慈善信托"以客户子女名字命名，由客户出资购买信托产品并就捐出收益的投向给受托人下达指令建议，最终客户子女参与该公益项目互动，体验式传承了优良家风和价值观；光大信托"善行"系列产品面向捐赠小部分收益的跟随型、中小体量（1000 万元以下）个人财富客户，通过设立集合计划并设置"营利信托—慈善信托"TOT 结构充分获取客户、广泛募集资金。光大信托"与爱同行""善行天下"等产品则是业务团队为落实公司部署、在控制风险前提下开展先行先试的孵化产品系列，与前面高低搭配、形成"雁阵"产品序列，并借助金融科技创新驱动，为促进共同富裕助力。

在三次分配中发挥慈善信托的重要功能

和晋予、沈苗妙　中诚信托有限责任公司投资研究部、
慈善信托工作室

中央财经委员会第十次会议提出要在高质量发展中促进共同富裕，构建“初次分配、再分配、三次分配协调配套的基础性制度安排”，鼓励高收入人群和企业更多回报社会。慈善信托以公益慈善为信托目的，信托财产及收益全部用于公益慈善事业，是一种与慈善捐赠并行的新型慈善方式，在三次分配中可以发挥重要功能，为促进共同富裕贡献积极作用。

一、慈善信托已成为三次分配的重要新生力量

与以市场主导的初次分配和以政府主导的再分配相比，三次分配主要由高收入人群在自愿基础上，以公益慈善方式对社会资源和社会财富进行分配。自慈善法于 2016 年 9 月 1 日实施以来，慈善信托经过 5 年的持续发展，已成为创新公益慈善、推进三次

分配的重要新生力量。

据“慈善中国”网站公开数据统计，截至2021年8月31日，5年来全国共备案公示慈善信托633单，备案的信托财产规模34.87亿元。已备案的慈善信托呈现出了鲜明的发展特点：一是委托人以企业和慈善机构为主，个人委托人数量保持了较快增长；二是受托人以信托公司为主，由信托公司担任单一受托人的570单，约占全部慈善信托数量的90%；三是信托财产仍以货币为主，非货币财产设立的慈善信托仅有2单股权慈善信托、1单艺术品信托及少数实物资产慈善信托；四是单个慈善信托的财产规模普遍较小，规模在100万元以下的慈善信托数量占比为63.51%，无固定期限或永续的慈善信托数量增加，已达到260单；五是与慈善领域的热点问题紧密结合，在支持教育发展、脱贫攻坚、疫情防控等领域发挥了重要作用，乡村振兴慈善信托也开始涌现。

但同时也要看到，与我国慈善事业发展的总体情况相比，慈善信托仍处于发展的起步阶段。2019年，我国慈善捐赠总额超过1500亿元，慈善信托当年新增规模9亿元，占比不到1%，慈善信托在三次分配中的功能和作用仍有待进一步发挥，未来潜力空间巨大。

二、慈善信托在三次分配中具有重要的功能优势

尽管慈善信托目前仍处于起步发展阶段，但从慈善信托的制度功能来看，其在三次分配中具有广阔的发展空间。借鉴境外慈善信托发展的经验，英国的慈善信托目前已超过12万个，管理的慈善财产超过700亿英镑；美国的慈善信托在家族财富和家族慈善精神传承中发挥了重要作用。我国慈善信托在实践中也体现出信托制度的功能优势，在三次分配中可以体现在以下四个方面。

（一）发挥资源汇集功能，扩大三次分配的“广泛度”

在鼓励“高收入人群和企业更多回报社会”的过程中，慈善信托可以发挥资源汇集的功能，有效扩大三次分配的“广泛度”。

一是可以汇集更多高净值人士的慈善需求。根据招商银行和贝恩公司联合发布的《2021中国私人财富报告》统计，预计到2021年末，我国可投资资产在1000万元以上的高净值人士将达到300万人。高净值人士数量的快速增长，为三次分配提供了重要基础。慈善信托的受托人目前主要为信托公司，而信托公司的相当一部分客户为高净值人士，通过信托公司设立慈善信托的需求也在快速增长。

二是可以满足更多企业的慈善需求。企业开展慈善活动是体现社会责任、树立良好品牌形象的重要手段，与企业设立自己的

基金会或在现有基金会设立专项基金相比，慈善信托的设立成本更低、运作要求更为灵活，可以满足更多企业的慈善需求。

三是可以发挥更多非货币财产的慈善功能。慈善信托在国内开展5年来，进行了部分非货币财产设立慈善信托的实践探索。与慈善捐赠相比，以股权、房产、艺术品等非货币财产设立慈善信托，不仅可以缓解捐赠后的支出压力，而且可以通过财产增值放大慈善效果，使非货币财产在三次分配中发挥更多作用。

（二）发挥专业管理功能，提高三次分配的“精准度”

慈善信托在备案时往往需要设定慈善目的和领域，要对慈善财产的运行效果进行专业管理，在慈善项目对接和慈善支出成效方面有很高要求，可以提高三次分配的“精准度”。

一是精准对接慈善领域。慈善法要求慈善信托目的必须符合慈善领域，在慈善信托的实践中，一些民政部门对慈善信托涉及的慈善领域有较为具体的要求。因此，多数慈善信托在设立之前就已经选定了慈善领域，并提前对未来可能对接的慈善项目进行评估。例如，中诚信托于2018年设立的“善爱扶贫慈善信托”，目的是帮助甘肃省临洮县脱贫攻坚，经过多次考察，创新设计了“产业扶贫+精准扶贫”的模式，项目运行效果良好。

二是精准实施慈善项目。慈善信托设立时的受益人是不特定的，在慈善支出时需要通过决策机制，通过一定的评选方法，确定具体的慈善项目以及受益人。这种机制不仅能够保证慈善项目符合信托目的，也能够保证慈善支出的精准性，使慈善信托的运行符合慈善的要求。

三是精准评估慈善效果。根据慈善法要求，慈善信托需要定期进行评估。从目前已实施的慈善信托评估来看，重点在于慈善信托支出的真实性和有效性，评估部门需要受托人提交相关文件，并对受益人受益情况进行具体了解。慈善信托的评估机制为慈善效果的精准落实提供了一定保障。

（三）发挥架构稳定功能，提升三次分配的“持久度”

通过信托方式开展慈善活动，可以发挥信托的架构稳定功能，通过信托文件约定各方当事人的权利义务，保障慈善活动的持续性，提升三次分配的“持久度”。

一是慈善信托的期限可持续。慈善信托的期限可以根据信托目的、委托人意愿等因素灵活设计，从目前备案的慈善信托来看，无固定期限或者永续型的慈善信托数量占比为41.07%，有利于慈善信托长期发挥慈善功能。

二是慈善信托财产可以持续创造收益。通过专业的财产管理，慈善信托可以设计成为基于某一慈善目的的“诺贝尔基金”，即保持一定规模的信托财产本金，通过收益持续实现慈善效果。《中国信托业发展报告（2019—2020）》显示，2019年信托项目的平均年化投资回报率为5.49%，大额慈善信托的财产可以达到较高投资回报，为开展慈善活动提供了持续稳定的资金支持。

三是慈善信托的运作机制可持续。慈善信托合同明确约定了委托人、受托人的权利义务，在慈善信托存续期间实现了当事人权责的稳定。慈善信托合同还可以建立稳定的内部决策机制，保证财产保值增值与慈善支出等重要管理事项的稳定性，确保慈善信托功能的持续稳定发挥。

（四）发挥各方监督功能，改善三次分配的“透明度”

与慈善捐赠相比，慈善信托在架构设计中引入全面的监督体系，提升了相关主体的参与程度，对三次分配中的“透明度”起到明显的提升作用。

一是构建了全面的监督体系。慈善信托的受托人要定期向委托人披露财产管理以及慈善支出的相关信息，接受委托人的监督；如果慈善信托设立监察人，也需要与监察人约定具体的监督管理规则，切实体现监察人的作用；慈善信托的备案、运行、变更以及清算等过程，也将受到民政部门的监督。因此，慈善信托在我国是监督更加全面、运行更加透明的慈善方式。

二是慈善信托的相关主体可以亲自参与慈善活动。在慈善捐赠过程中，捐赠人完成捐赠行为之后，缺乏必要的机制使捐赠人参与慈善活动。而慈善信托的机制设计更为灵活，委托人、监察人等主体可以在慈善项目决策和监督中发挥更大作用，增强慈善活动的参与度。

三是建立了有效的社会公示制度。根据慈善法和《慈善信托管理办法》的要求，慈善信托备案信息和年度报告需要进行公示。目前，全国所有的慈善信托备案信息和部分慈善信托的年报都会在民政部指定的统一平台——“慈善中国”进行公示，为慈善信托的规范透明运行提供了社会监督。

三、进一步明确慈善信托发展的战略重点

着眼于共同富裕的战略目标，基于慈善信托在三次分配中可以发挥的重要功能，不仅需要从多方面进一步明确慈善信托未来发展的重点方向，而且需要出台相应的支持措施。

(一) 进一步挖掘高净值人士的慈善资源

要充分挖掘高净值人士的慈善资源，一方面要重点关注家族财富传承中的慈善需求。当前，我国家族财富管理和传承的需求持续快速增长，家族信托发展迅速，超过50家信托公司开展了家族信托业务。在家族财富传承的过程中，委托人的需求不仅是财富的保值增值和代际分配，而且越来越多地关注家族精神、家族文化的传承，而通过慈善信托凝聚家族精神、塑造家族文化是简便、稳定、长久的方式。

另一方面要重点关注高净值人士以非货币财产设立慈善信托的需求。在我国资本市场快速发展的背景下，财产性收入成为高净值人士财富增长的主要驱动，股权、房产等已成为高净值人士

重要的财产类型。成熟公司的股权往往具有稳定的分红，成长型公司的股权更具增值潜力，都可以为公益慈善事业带来持续的资金支持。尽管我国信托财产登记制度和慈善信托税收制度尚未完善，但对股权慈善信托已有探索，未来将面临更大的发展需求空间。

（二）进一步满足三次分配的重点领域需求

一是助力巩固脱贫成果，支持乡村振兴。我国脱贫攻坚战取得全面胜利后，党中央、国务院进一步要求“将巩固拓展脱贫攻坚成果放在突出位置”，在 5 年过渡期内保持主要帮扶政策总体稳定，健全防止返贫的帮扶机制。未来，慈善信托围绕防止返贫和乡村振兴等领域需求，可以通过防贫保险、兜底资助等方式，探索建立精准防贫长效机制；可以通过投资、融资、投贷联动等多种方式，为乡村特色产业发展提供资金支持；可以搭建金融资源整合平台，通过“信托+保险+期货”等方式支持农业经营；可以支持乡村绿色建设，满足美丽乡村发展需求。

二是服务社会民生需求，增进群众福祉。补齐民生保障短板、提升基本公共服务均等化水平是三次分配的重要内容，慈善信托可以关注特定人群的扶老、救孤、恤病、助残、优抚等方面需求，根据对象类型、困难程度等因素，做到精准识别精准救助，切实保障困难群众基本生活；可以支持欠发达地区改善基础设施条件，加快教育、医疗卫生、文化体育事业发展，通过优化社会资源配置，进一步提升群众的获得感和幸福感。

（三）进一步提升受托管理的专业能力

一是专业的受托管理能力。慈善信托是信托本源业务，受托人需要站在委托人角度，为慈善信托设计合理的治理机制和高效的决策机制，严格把关慈善项目公益性和受益人选定程序的公正性，并根据信托文件约定严格履行受托责任。

二是专业的财产投资能力。慈善财产的保值增值对扩大慈善财产来源非常重要。在永续型慈善信托中，投资收益是慈善项目的主要资金来源，慈善财产投资管理的专业能力更加重要，直接决定了慈善活动的规模和效果。因此，受托人应持续加强投研能力建设，在做好风险防控的基础上促进慈善财产稳步增值。

三是专业的慈善项目执行能力。信托公司在与慈善组织合作慈善项目的同时，还可以发挥金融优势，打造有信托特色的慈善项目，充分发挥信托投融资功能，对接多种金融工具，充分发挥信托的引导作用，放大慈善效果，提高慈善活动的持续性。

（四）进一步争取慈善信托的政策支持

一是落实慈善信托税收优惠政策。税收政策在引导社会资源配置上具有重要作用，是推动慈善事业发展的重要保障。税收优惠是委托人开展慈善活动的重要诉求，也是其选择慈善方式的重要考虑因素。我国企业所得税法、个人所得税法分别对企业和个人慈善捐赠行为提供了税前扣除优惠。而慈善信托税收优惠政策尚未出台，已成为慈善信托发展的重要障碍。应尽快落实慈善法关于鼓励慈善信托发展的要求，比照慈善捐赠的优惠待遇，出台慈善信托税收优惠具体政策。优先落实委托人在慈善信托设立环节的税收优惠政策，分步完善慈善信托运行环节的税收优惠政策。

二是完善股权非交易过户政策。从境外经验来看，股票及股权类资产是重要的慈善信托财产来源。然而，我国目前尚未出现以上市公司股票设立的慈善信托，慈善信托尚未纳入非交易过户情形也是重要原因。根据信托法要求，设立股权慈善信托，根据股权性质不同，应当在证券登记结算机构或公司登记机关办理过户登记，以使信托生效或实现公示效果。应比照慈善捐赠的非交易过户政策，尽快推动将慈善信托纳入非交易过户的适用情形。

三是加强对慈善信托的运行效果监督。一方面，慈善信托管理机关要加强慈善信托运行评估，关注慈善支出、慈善绩效实现情况，对慈善信托的运行过程加强指导，为慈善信托的规范发展创造更加有利环境。另一方面，要加强慈善信托信息公开管理，统一信息公开要求，细化信息公开内容，夯实信息公开各方责任，使慈善信托的运行情况得到社会公众的充分监督。

— 第三部分 —

案例分享

中航信托发展慈善信托业务的思考与实践

慈善信托是信托公司回归本源业务的重要体现，中航信托立足受托人定位，在开展慈善信托业务过程中，以禀赋优势、文化认同、品牌增益、能力提升、民生改善、生态营造、科技赋能、协作集成、链接未来等十大价值理念作为核心价值观，从脱贫攻坚到乡村振兴、从绿色生态到养老助老，走出了一条平台化、专业化、生态化的慈善信托发展路线。

中航信托作为中航产融旗下的成员单位，一直将“航空报国、航空强国”的初心使命体现在慈善信托业务的开展中，创新提出平台化发展的慈善信托模式，将信托文化、航空文化融入慈善信托业务发展，以文化认同凝聚多方力量，服务社会民生、共创美好生活。中航信托目前在脱贫攻坚、养老助老、绿色生态等领域相继设立了十余单慈善信托，走出了一条可圈可点的慈善信托发展道路。

（一）中国信托业抗击新型肺炎慈善信托

图 30 “中国信托业抗击新型肺炎慈善信托”支援湖北抗疫

中航信托慈善信托以爱心凝聚力量，以协作集成担当。2020年初武汉疫情暴发初期，由中国信托业协会倡议，由中航信托牵头并率先注入慈善资金 50 万元，61 家信托公司共同设立“中国信托业抗击新型肺炎慈善信托”，第一时间支援湖北抗疫，体现了中国信托业服务人民的社会责任。

（二）蒙顶山合作社发展慈善信托

“蒙顶山合作社发展慈善信托”是全国第一单以乡村振兴为专项信托目的的慈善信托，由中国扶贫基金会作为委托人，中航信托作为受托人，将信托财产用于支持乡村振兴战略下的乡村合作社人才培养等相关公益慈善活动为信托目的，慈善信托资金初始规模为 500 万元。

图 31　“蒙顶山合作社发展慈善信托”启动仪式

“蒙顶山合作社发展慈善信托”联合社会力量共同建立并支持培育乡村带头人的教育培训机构，带动乡村合作社科学健康发展，进而促进农业可持续发展，落实国家乡村振兴战略。2021 年，本单慈善信托支持建立的四川省蒙顶山合作社发展培训学院顺利开班，吸纳了当地 100 多户农民入社，有效带动当地新农人理念及技能培养，成为乡村振兴骨干的孵化和成长基地。

图 32　蒙顶山合作社发展培训学院合作社理事长培训班开课

（三）中航信托·绿色生态慈善信托

“中航信托·绿色生态慈善信托”于 2017 年 9 月成立，由中航信托股份有限公司担任主要受托人，中华环境保护基金会担任共同受托人，广州市联合公益发展中心担任监察人。本单慈善信托初始信托财产规模为 50 万元，是国内首单以绿色生态为主题并采取共同受托人模式的慈善信托，信托目的专注于支持绿色生态事业发展及相关活动开展。2018 年，“中航信托·绿色生态慈善信托”以援助九寨沟震后修复项目为起点，使绿色生态环保与慈善有机结合，形成了良好的示范效应。

2020 年，“中航信托·绿色生态慈善信托”以慈善信托资金 10 万元资助“云南特有珍稀濒危植物此碧莲资源调查和人工培育”项目，由中国科学院昆明植物研究所担任实施机构，借助其在云南开展珍稀濒危植物保护的丰富经验和专业团队力量，通过拯救野生茈碧莲这一重要物种，为云南省乃至我国珍稀高原湿地水生植物保护提供“可复制典型案例”，2021年，该项目入选COP15“生物多样性100+全球案例”。

图33 “中航信托·绿色生态慈善信托”保护濒危植物茈碧莲

2021年“7·20”河南洪灾发生后，中航产融第一时间紧急驰援河南，向“中航信托·绿色生态慈善信托”追加慈善资金30万元，用以保障受灾地区应急饮用水安全，与中华环境保护基金会共同落实执行，以中航速度落实央企担当，与受灾群众风雨同舟、一路同行。

图 34 茈碧莲保护项目入选 COP15“生物多样性 100+全球案例”

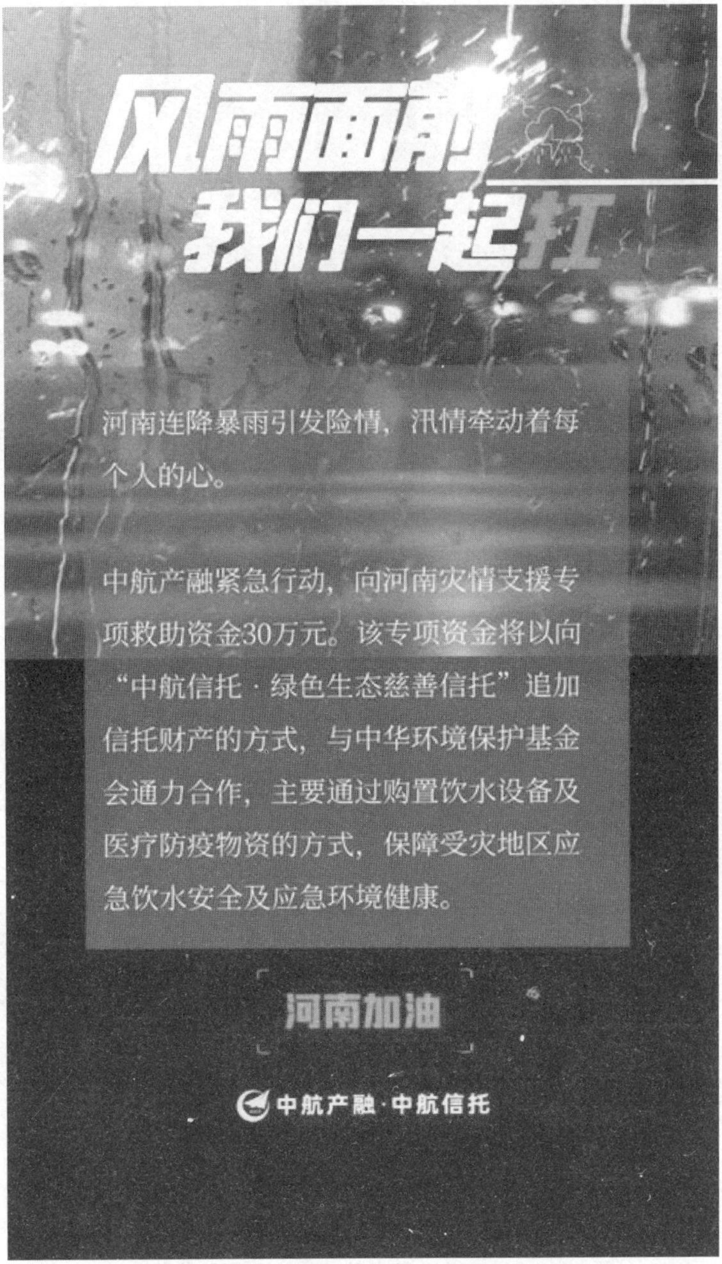

图 35　中航产融追加慈善资金驰援河南

（四）雅安公益养老慈善信托

图 36　“雅安公益养老慈善信托”项目寻访

图 37　“雅安公益养老慈善信托”资助贫困老人

“雅安公益养老慈善信托”于2019年8月成立，由中国扶贫基金会发起设立，由中航信托担任受托人。本慈善信托规模为500万元，旨在持续支持雅安市范围内多层面的助困养老项目。

经过前期对慈善项目的持续调研与细致考察，“雅安公益养老慈善信托”的首期资金用于支持四川省雅安市社会福利院的贫困失能失智老人照护项目。2020年度，本单慈善信托为雅安市社会福利院近30名贫困失能失智老人提供了专业的医养及康护服务，让老人能够切切实实感受到老有所养、老有所依、老有所乐。

（五）中航信托·创青春扶贫慈善信托

“中航信托·创青春扶贫慈善信托”于2018年8月成立，由中航信托发起，联合中国青年创业就业基金会作为共同受托人。信托目的为资助和开展促进中国青年创业就业及扶贫事业发展的活动及项目，慈善信托初始规模为50万元。

2020—2021年度，在新冠肺炎疫情影响下，湖北省应届毕业生的就业问题成为社会焦点。为了助力企业招聘，推动大学生就业，中航信托联合中国青年创业就业基金会以“中航信托·创青春扶贫慈善信托”连续两年特别支持“就业讲习百校行（湖北）”活动，帮助湖北地区青年大学生开创未来、筑梦启航。

图 38　“中航信托·创青春扶贫慈善信托”支持“就业讲习百校行”系列项目

（六）中航信托·华美绿色慈善信托

“中航信托·华美绿色慈善信托”于2018年12月由河北省华美绿色环保基金会作为委托人和中航信托联合发起设立，中航信托作为受托人受托管理，初期规模25万元人民币，旨在开展普及绿色环保教育。

2020年和2021年，“中航信托·华美绿色慈善信托”以慈善信托资金5万元特别支持“环保进校园”系列活动，在中关村二小万泉河分校多个年级开展环保知识小课堂活动，旨在循序渐进地培养小学生的环保意识与环保习惯，将绿色环保理念落实在一点一滴的日常生活中，为祖国的公益环保事业培养

"碳中和"小达人。

图 39　"中航信托·华美绿色慈善信托"支持"环保进校园"系列活动

光大信托定点扶贫系列慈善信托案例

一、背景

光大兴陇信托有限责任公司（以下简称“光大信托”）注册资本84.18亿元，由中国光大集团股份公司（以下简称中国光大集团）直接控股。光大信托作为央企子公司，始终坚持以无私的善心回馈社会，践行光大信托的担当精神，希望积极运用金融的力量，通过大力参与精准脱贫工作，改善社会民众幸福。自慈善法颁布以来，光大信托积极探索慈善信托业务的开展与落地，截至2021年12月末，光大信托共完成备案慈善信托134单，规模7.8亿元，主要用于扶贫、济困、助学、教育等领域。先后荣获“优秀慈善信托计划”“社会责任标杆企业”“中国扶贫先锋榜”等奖项。

2019年初，光大信托与光大集团总部及系统内多家兄弟企业联合发起了“定点扶贫慈善信托”系列信托计划，已有10笔定点扶贫慈善信托项目顺利完成备案并完成向贫困县划款，信托总金额为4810万元。“光大信托定点扶贫系列慈善信托”荣获2020—2021年第十一届“中华慈善奖”，成为信托公司探索金融力量助力实现脱贫攻坚的三个代表性项目之一。

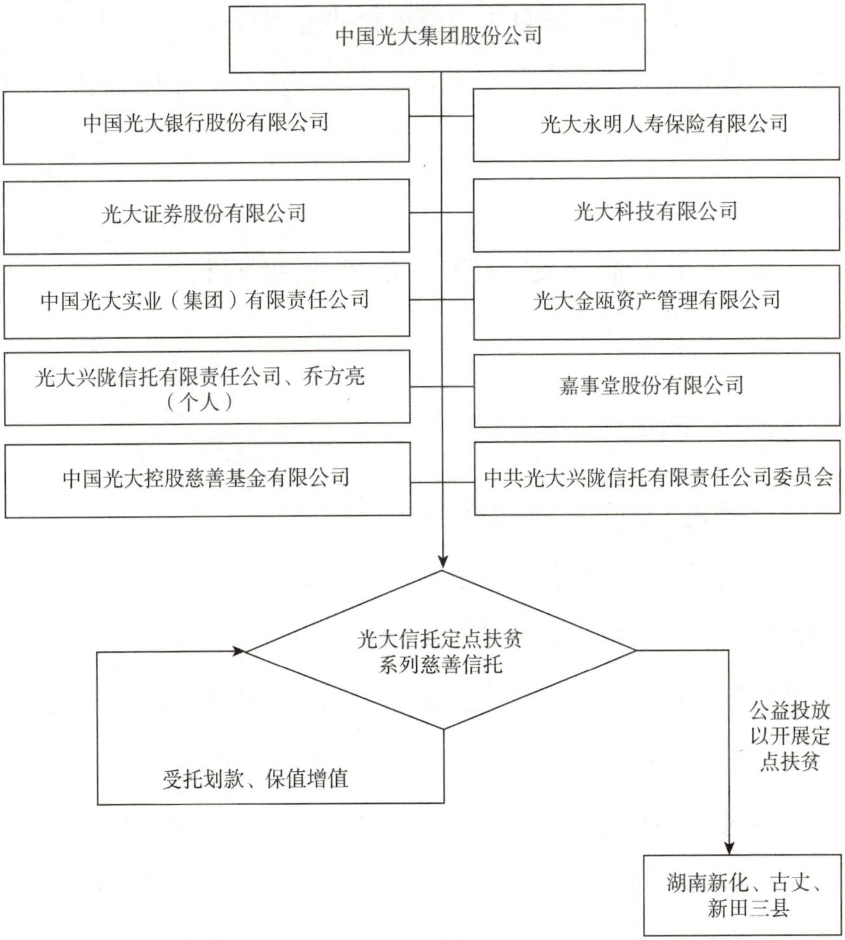

图40　光大信托“定点扶贫系列”慈善信托的慈善捐赠体系

根据中央精神和国务院具体部署，2017—2019 年度，光大集团通过采用“公益+金融”的慈善信托创新模式，三年共在定点扶贫点湖南省新化县、新田县和古丈县投入资金超过 1 亿元，扶持当地打赢脱贫攻坚战。先后开展帮扶项目 66 个，包括产业扶贫项目 32 个，民生扶贫项目 13 个，党建扶贫项目 5 个，金融扶贫项目 2 个，就业扶贫项目 3 个，教育扶贫项目 5 个，文旅扶贫项目 3 个，其他项目 3 个，为当地经济社会发展和民生改善作出了一定贡献。

二、光大信托定点扶贫系列慈善信托

（一）概述

1. 委托人：光大集团及系统内公司。

2. 受托人：信托公司。主要职责是根据信托目的募集信托财产进行管理和运用，根据光大集团每年度的定点扶贫工作计划，将受托管理资金趸交至集团扶贫办公室，按照相关帮扶项目的预算需要将所需资金划拨到位，从而对慈善项目实施资助。

3. 慈善信托财产：现金。

4. 慈善信托目的：资金主要用于湖南省新田、新化、古丈三个县的精准扶贫，通过产业扶贫、健康扶贫、教育扶贫、民生扶贫等 60 余个项目，支持三个县 82 个村、5 万以上贫困人口实现脱贫目标。

5. 慈善项目管理人：湖南省新化、古丈、新田三县扶贫办（为主）；光大集团扶贫办公室（提供支持）。主要职责是扶贫项目的筛选和执行，所接受的资金全额用于定点扶贫公益慈善事业。

6. 慈善信托分配：信托财产及三年存续期内的全部收益全额分配给慈善项目管理人。

7. 受益人：各个获资助定点扶贫项目的最终受捐助人。

（二）项目实施情况

该系列信托计划资金已全部完成向新化、新田、古丈三县拨付，部分项目完成情况如下：

——新化县：已完成的项目（包括但不限于）：建设29个村级远程诊疗点（乡镇卫生院分院或门诊部14个，村卫生室15个），提升县人民医院远程诊疗服务能力，开展乡村医生培训；在73个贫困村建设综合服务平台，覆盖贫困户5580户、20490人；完成桑梓镇大坪学校整体搬迁，新建学校面积4345平方米，新增学生540人，受益群众2万余人。

——新田县：已完成的项目（包括但不限于）：建设3个非建制镇卫生院和12个行政村卫生室远程医疗诊室，打通基层医疗服务“最后一公里”；试点设立新田光大小微企业产业扶贫风险补偿基金；扩建龙泉镇小步岭村香猪养殖基地，新增10栋现代化养猪场，已建成6栋。

——古丈县：已完成的项目（包括但不限于）：建设县医院与各乡镇、行政村远程医疗互联网和互联网系统设备；帮助解决100名学前班儿童营养餐，开展“一对一”助学活动；援建2条紧压茶茶叶加工自动化生产线，5条黑茶毛料加工生产线，修建1家红、绿茶生产加工厂，惠及贫困户1000余家，可直接带动2000名建档立卡人口脱贫。

在创新性方面，该款扶贫“定制化”金融模式的创新点在于：光大信托尝试将扶贫资金导入信托交易结构（如下图所示），形成扶贫领域专属慈善信托，这在国内扶贫工作中是一种创新模式，这种信托业务结构同时也是公益慈善领域的跨界创新实践。

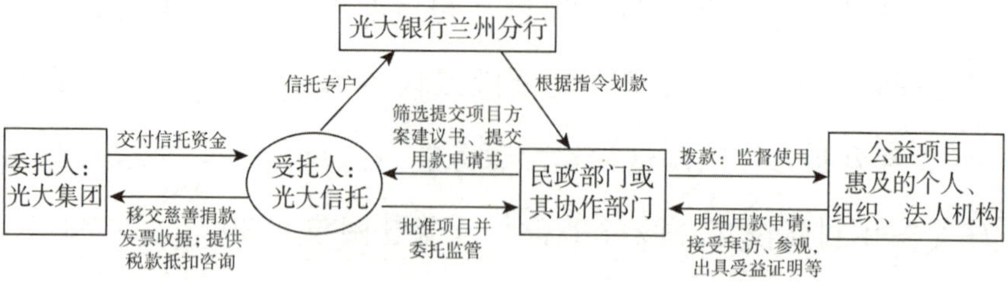

图41 光大信托“定点扶贫系列慈善信托”的交易结构

（三）效果分析与评价

本系列慈善信托优势和可实现的价值主要体现在如下方面。

一是慈善信托享有信托特有制度和法理优势，包括：专户专款专用、信息披露和监察人等制度安排，相对于传统公益途径而言具有一定优势，实现了委托人所交付信托财产的破产隔离、风险隔离和资金运用的公开、透明，实现了定点扶贫县精准扶贫工作的透明管理。二是账户闲置资金可以在保值增值方面享受更加专业化服务。三是光大信托可帮助集团定点扶贫县引入大量外部资金，实现双赢，促进三个定点扶贫县精准扶贫工作的有效开展。

“百瑞仁爱·灾害救助慈善信托”案例

一、慈善信托设立背景

2021年7月20日，河南多地遭遇极端强降雨，郑州、新乡等部分地区出现特大暴雨。郑州市多个国家级气象观测站日降雨量突破有气象记录以来的历史极值。暴雨导致河南郑州等多个地方市区出现严重灾害。作为地处河南的央企信托公司，百瑞信托有限责任公司迅速行动，充分发挥信托优势，迅速组织发起于2021年7月23日设立“百瑞仁爱·灾害救助慈善信托”，并在郑州市民政局备案。

“百瑞仁爱·灾害救助慈善信托”信托期限为20年。委托人为百瑞信托有限责任公司、其他机构及社会公众等，慈善目的为自然灾害的救助，特别是2021年“7·20”河南洪水灾害的救援和灾后救助，以及救灾相关慈善活动的支持和推广等。

慈善信托成立后，慈善信托工作小组立刻收集灾情信息，联系物资采购，于7月23日开始进行捐赠活动，主要采购饮用水、方便面和被褥等物资向郑州市区、新乡卫辉、安阳汤阴以及安阳内黄等地组织捐赠。灾情结束后，慈善信托采购救援设备向郑州市郑东新区铁鹰锐士应急救援中心捐赠，用于救援中心救援任务。

图42 “百瑞仁爱·灾害救助慈善信托”救援项目落地

二、慈善信托结构

1. 委托人：百瑞信托有限责任公司、其他机构及社会公众等。

2. 受托人：百瑞信托有限责任公司。受托人管理和处分慈善信托财产，实施慈善项目，并按照慈善信托目的，恪尽职守，履行诚信、谨慎管理的义务。

3. 慈善信托期限：20 年。

4. 慈善信托目的：全部信托财产用于自然灾害的救助，特别是2021 年“7 · 20”河南洪水灾害的救援和灾后救助，以及救灾相关的慈善活动的支持和推广等。

5. 受益人取得信托利益的形式和方法：最终获得捐赠、救助的自然人、法人或非法人组织为本信托的受益人，受益人取得信托利益的形式可以是资金、实物或服务等。

三、慈善信托在灾害救援中作用

河南暴雨灾害后多家机构积极设立慈善信托投入救灾行动，从慈善信托设立实践经验看，慈善信托在应对重大突发公共事件时具有很强优势。一是慈善信托模式灵活、响应迅速。信托公司作为受托人可以与救灾相关方积极沟通，精准对接需求，保证项

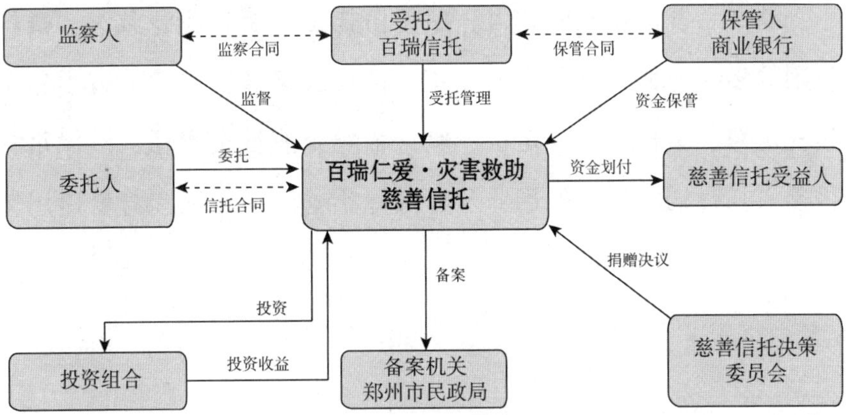

图 43 “百瑞仁爱·灾害救助慈善信托”信托结构图

目执行效率；二是慈善信托的高效决策也有利于及时行动。自然灾害发生后，社会救助力量高度分散，信托公司作为受托人能提高社会公众信任度，如委托人能高度信任受托机构的慈善项目执行能力，由受托人自主决策选定慈善项目，可以提高决策效率；三是委托人可以直接参与慈善活动，慈善信托可以成立由委托人、受托人等组成的慈善理事会共同决定慈善支出方案，可以更好地平衡项目决策的科学性要求和慈善支出的及时性要求。

慈善信托作为信托公司本源业务，目前已成为践行灾害救援等公益事业的重要方式。慈善信托设立的规模、类别、期限和运用方式灵活，监督机制健全，公信力较高。信托财产管理方面能发挥信托的增值保值金融职能。信托公司作为受托人，受银保监会监管，慈善信托还接受民政部门、委托人、受托人、信托监察人等多方监督，具有很高的透明度。

随着慈善信托发展壮大，慈善信托也必将在应急救灾、扶贫济困等多个方面发挥更大的作用。信托公司需要继续致力于运用信托优势，坚持受托人定位，履行金融企业社会责任，确保每一份爱心托付切实发挥作用，及时做好慈善活动开展和善款使用情况披露，实现公开透明运作。

广东省和的慈善基金会股权慈善信托案例

一、背景

广东省和的慈善基金会（以下简称“和的慈善基金会”）由美的集团创始人何享健先生发起，成立于2013年12月（登记注册时名为广东省何享健慈善基金会，2017年变更为现在名称）。基金会运作资金来源于家族慈善捐赠，并设立和的慈善信托（计划）保障家族慈善事业可持续发展。

和的慈善基金会定位为资助型、支持性的慈善组织，基于家族“低调务实、专业友好、富有远见”的理念，开展公益慈善项目资助，培育良好的区域公益慈善生态。2017年7月25日，和的慈善基金会发布和的慈善捐赠体系，其中包括1亿股美的集团股权①和 20 亿元现金捐赠（2018 年增加至 24 亿元）。

和的慈善基金会作为何享健家族慈善管理和运营平台，通过设立慈善信托、孵化基金会及社会服务组织、设立专项基金等方式，秉持“低调务实、专业友好、富有远见”的工作理念，支持德耆慈善基金会、顺德双创公益基金会、德胜社区慈善基金会、韶关乡村振兴基金会、善耆家园、和园文化发展中心、和泰安养中心等机构在养老、创新创业、社区发展、乡村振兴、文化艺术等领域专业发展，并在和的慈善体系平台上形成跨界合作与协同共振，推动建立一个立体、可持续的现代公益慈善体系。

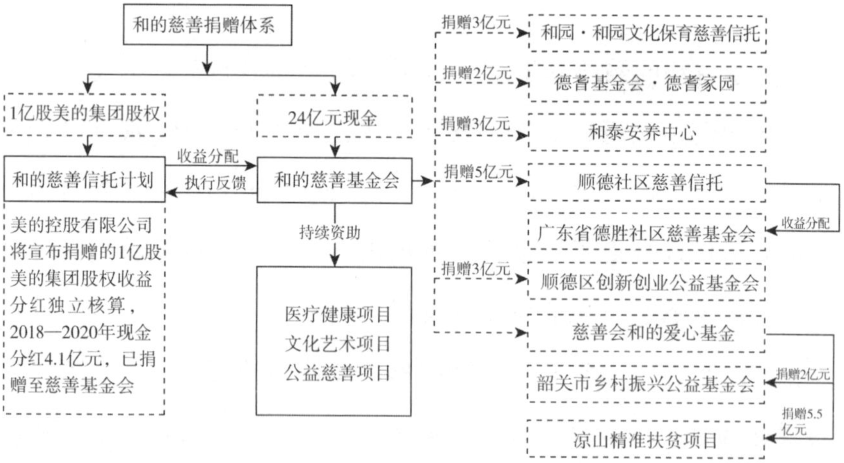

图 44　和的慈善捐赠体系

① 顺德企业家、美的集团创始人何享健先生委托美的控股有限公司捐赠持有的美的集团股票 1 亿股（全流通 A 股股票，代码 000333），设立由广东省和的慈善基金会为慈善项目管理与执行人的永续型慈善信托计划。

和的慈善基金会采用股权与现金组合捐赠，运用“慈善信托+基金会”双轨模式，使得慈善资金的科学管理及有效运用得以保障。截至目前，根据捐赠人及委托人意愿，设立了两单现金慈善信托，分别为“顺德社区慈善信托”（慈善信托财产4.92亿元，备案编号：440000012017001）与“和园文化保育慈善信托”（慈善信托财产3000万元，备案编号：4403000201802）。同时，何享健先生承诺计划通过美的控股有限公司①捐赠所持美的集团股票1亿股设立一个永续的慈善信托“和的慈善信托”，慈善信托财产及收益将全部用于支持公益慈善事业的发展。

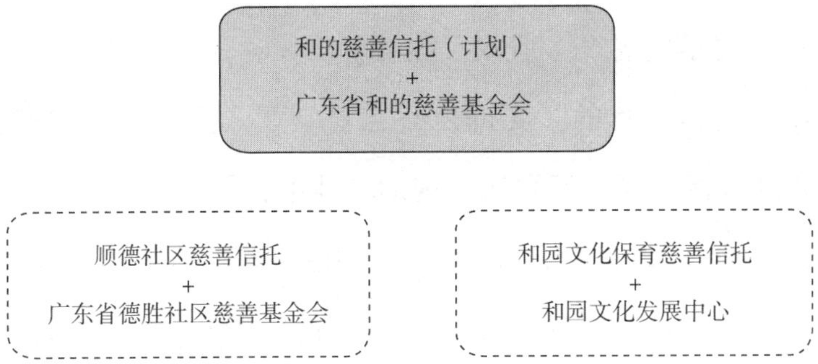

图45　和的慈善体系可持续机制“慈善信托+基金会/社会服务机构”

① 美的集团是一家于深圳证券交易所上市、现代公司治理的企业（000333.SZ），是一家消费电器、暖通空调、机器人与自动化系统、智能供应链（物流）的科技集团。2018年，美的集团连续第三度入榜《财富》世界500强。自成立以来，美的坚守“善用资源，注重环保”的原则，致力为社会创造美好生活，积极承担社会责任。

二、和的慈善信托（计划）

（一）概述

1. 委托人：美的控股有限公司。“和的慈善信托计划”成立后，该笔股权所有权永久转移，不可撤销。

2. 受托人：信托公司。主要职责是根据信托目的对信托财产进行投资管理，每年根据相关慈善项目的资金需求将所需资金分配给广东省和的慈善基金会资助、实施慈善项目。

3. 慈善信托财产：股权及收益。

4. 慈善信托目的：支持公益慈善事业，促进社会和谐发展；根据委托人意愿可用于合法合规的其他慈善用途。

5. 慈善项目管理人：广东省和的慈善基金会。主要职责是慈善项目的筛选和慈善项目的执行，所接受的资金将全额用于慈善事业。

6. 慈善信托分配：信托财产及收益永续分配给慈善项目管理人。

7. 受益人：广东省和的慈善基金会开展慈善项目的最终受捐助人。

自 2017 年和的慈善捐赠体系发布后，在“和的慈善信托（计划）”尚未正式落地之前，为了保证切实履行捐赠承诺，美

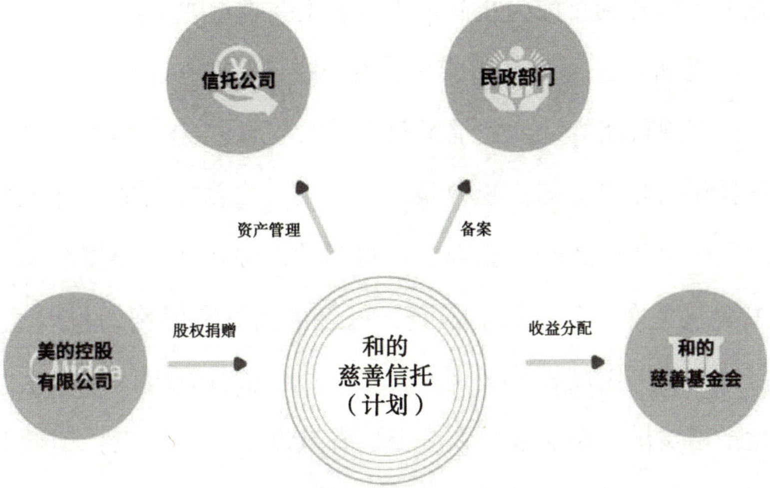

图 46 “和的慈善信托（计划）”模式

的控股有限公司从 2018 年起将已宣布捐赠的 1 亿股美的集团股权的收益分红独立核算，并直接捐赠至和的慈善基金会。截至 2020 年，累计捐赠 41039 万元，用于支持公益慈善事业发展，让承诺捐赠实际发挥作用。

表 1 1 亿股美的集团股权收益分红统计（截至 2020 年） 单位：万元

2017—2018 年	2018—2019 年	2019—2020 年
12000	13039	16000

（二）分析及建议

自和的慈善信托（计划）提上议程来，在实际推进过程中，因股权作为慈善信托财产的特殊性，目前尚未明确以股权设立慈善信托的税收优惠条款，难以根据现行法规享受税收优惠，因此该笔慈善信托到目前为止尚未落地。主要难点如下：

1. 慈善信托委托人未能享受委托财产税前扣除优惠

依据现行法规，公益捐赠只要符合税法规定，均可以享受在所得税税前扣除上的优惠政策。如，个人公益捐赠的扣除比例为应纳税所得额的30%，企业公益捐赠的扣除额度是年度利润总额的12%且允许三年结转。但是，慈善信托没有明确的税收优惠。依据财政票据制度相关规定，对于通过公益性社会团体发生的公益性捐赠支出，企业或个人应提供省级以上（含省级）财政部门印制并加盖接受捐赠单位印章的公益性捐赠票据，或加盖接受捐赠单位印章的《非税收入一般缴款书》收据联，方可按规定进行税前扣除。可以理解为，慈善组织作为执行人开展慈善信托业务的过程中，可以提供公益性捐赠票据。在实际操作中，信托公司作为受托人，由于不符合公益性捐赠票据的使用主体要求，尚无法为委托人开具税前抵扣用途的捐赠收据。

因此，呼吁为倡导鼓励慈善信托事业发展，建议慈善信托的委托人应与公益捐赠享受同样的税收优惠，捐赠人作为委托人设立慈善信托后，无论受托人是慈善组织还是信托公司，用以税前扣除的依据皆为正式的慈善信托合同文件。同时，为避免委托人在纳税环节的认定问题，建议将该项规定于慈善信托税前优惠的具体规定中予以明确，以确保其权威性。

2. 慈善信托在财产委托环节涉及大额所得税

根据《财政部、国家税务总局关于公益股权捐赠企业所得税政策问题的通知》（财税〔2016〕45号）相关规定，企业向公益性社会团体实施的股权捐赠，应按规定视同转让股权，股权转让收入额以企业所捐赠股权取得时的历史成本确定。此政策不能直接穿透沿用，不支持对股权设立慈善信托的税收优惠，因此产生大额的所有税。和的慈善信托计划中，设定的委托人为企业法人（美的控股有限公司），股权转让过户发生在企业与慈善信托之间，股权转让标的为上市公司股权，所得税方面受企业所得税法等规制。

随着我国慈善信托实践的不断增多，慈善信托的委托财产为股权、不动产等非货币类财产的情形会越来越多。如，委托人以上市公司股权设立慈善信托且金额较大时，针对股权增值部分，需要准备巨额现金用于缴纳所得税，增加了委托人的成本，减弱甚至阻断了一批股权慈善信托的意愿。截至目前，以股权为信托

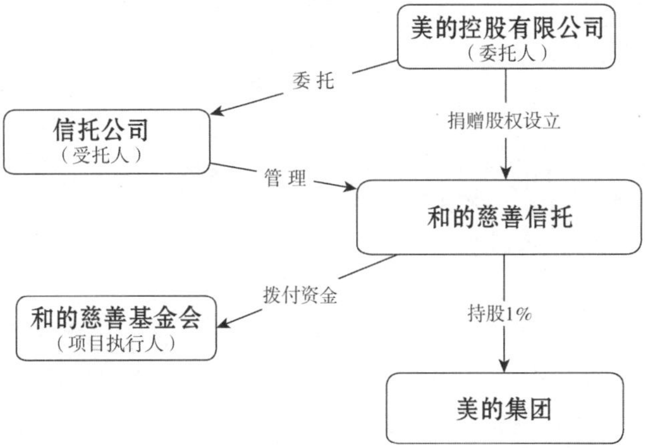

图47　和的慈善信托股权捐赠路径（计划）

财产备案成功的案例甚少，未能形成可复制推广的行业经验，也不利于扩大规模。

慈善信托与公益捐赠是在慈善法中明确规定的两种慈善手段，目的都是为了开展慈善事业，建议对慈善信托的财产委托环节的所得税优惠政策可比照财税〔2016〕45 号文的规定执行。